严复经典语录

主　编 郑志宇
副主编 陈灿峰

海峡出版发行集团
THE STRAITS PUBLISHING & DISTRIBUTING GROUP
福建教育出版社

京兆丛书

出品人 \ 总策划

郑志宇

严复经典语录

主编

郑志宇

副主编

陈灿峰

顾问

严倬云　严停云　谢辰生　严　正　吴敏生

编委

陈白菱　闫　龚　严家鸿　林　鋆

付晓楠　郑欣悦　游忆君

严 复

（1854 年 1 月 8 日—1921 年 10 月 27 日）

原名宗光，字又陵，后改名复，字几道。

近代极具影响力的启蒙思想家、翻译家、教育家，新法家代表人物。

《京兆丛书》总序

予所收蓄，不必终予身为予有，但使永存吾土，世传有绪。

——张伯驹

作为人类特有的社会活动，收藏折射出因人而异的理念和多种多样的价值追求——艺术、财富、情感、思想、品味。而在众多理念中，张伯驹的这句话毫无疑问代表了收藏人的最高境界和价值追求——从年轻时卖掉自己的房产甚至不惜举债去换得《平复帖》《游春图》等国宝级名迹，到多年后无偿捐给国家的义举。先生这种爱祖国、爱民族，费尽心血一生为文化，不惜身家性命，重道义、重友谊，冰雪肝胆赉志念一统，豪气万古凌霄的崇高理念和高洁品质，正是我们编辑出版《京兆丛书》的初衷。

“京兆”之名，取自严复翰墨馆馆藏近代篆刻大家陈巨来为张伯驹所刻自用葫芦形“京兆”牙印，此印仅被张伯驹钤盖在所藏最珍贵的国宝级书画珍品上。张伯驹先生对艺术文化的追求、对收藏精神的执着、对家国大义的深情，都深深融入这一方小小的印章上。因此，此印已不仅仅是一个符号、一个印记、一个收藏章，反而因个人的情怀力量积累出更大的能量，是一枚代表“保护”和“传承”中国优秀文化遗产和艺术精髓的重要印记。

以“京兆”二字为丛书命名，既是我们编纂书籍、收藏文物的初衷和使命，也是对先辈崇高精神的传承和解读。

《京兆丛书》将以严复翰墨馆馆藏严复传世书法以及明清近现代书画、文献、篆刻、田黄等文物精品为核心，以学术性和艺术性的策划为思路，以高清画册和学术专著的形式，来对诸多特色收藏选题和稀见藏品进行针对性的展示与解读。

我们希望“京兆”系列丛书，是因传承而自带韵味的书籍，它连接着百年前的群星闪耀，更愿化作攀登的阶梯，用艺术的抚慰、历史的厚重、思想的通透、爱国的情怀，托起新时代的群星，照亮新征程的坦途。

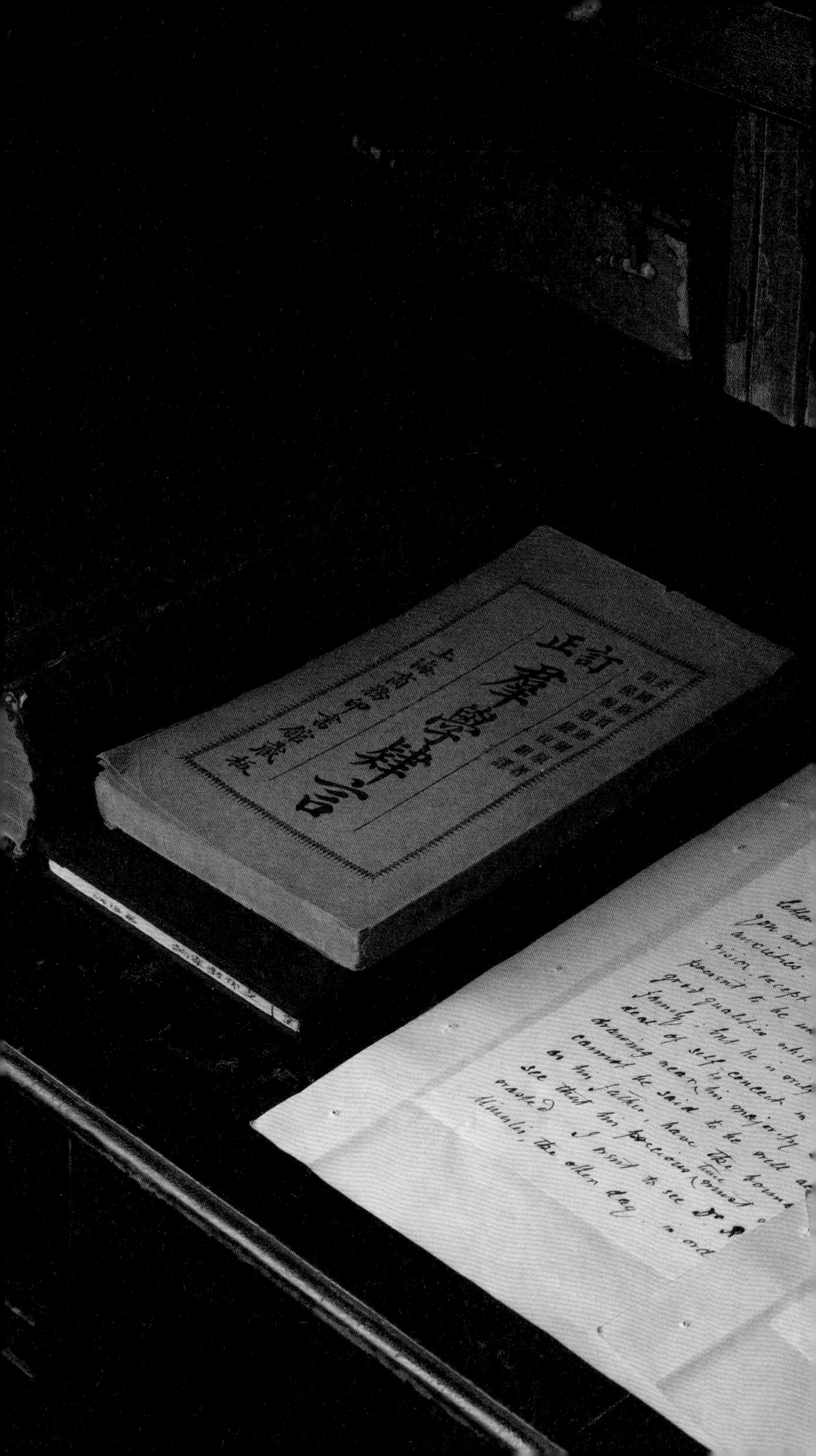

目录

严复临颜真卿《争座位帖》（局部）

政治篇

NO.01~19

自其變者而觀之則天地曾
不能以一瞬自其不變者而
觀之則物與我皆無盡也
而又何羨乎且夫天地之
間物各有主苟非吾之所

严复临苏东坡《赤壁赋》（局部）

01

『观今日之世变，盖自秦以来未有若斯之亟也。』

——《论世变之亟》，1895年

【注释】亟[jí]：同“急”，危急。

【译文】试看今日中国面临的变局，大概自秦朝以来从未出现过如此急迫迅猛之势。

尺盦长寿

【译文】天下有万世不变的原理，但没有百年不变的法度。

02

『天下有万世不变之道，而无百年不变之法。』

——《拟上皇帝书》，1898 年

03

『古今有不为治之国，而天下无不可治之时。』

——《拟上皇帝书》，1898年

【译文】古往今来有许多治理不善的国家，但没有不可治理的时候。

04

『文之高下存乎气，法无新旧惟其时。』

——《赠熊纯如联语》，1910年

【译文】 文章水平的高下要看文气，法度无论新旧，适时即可。

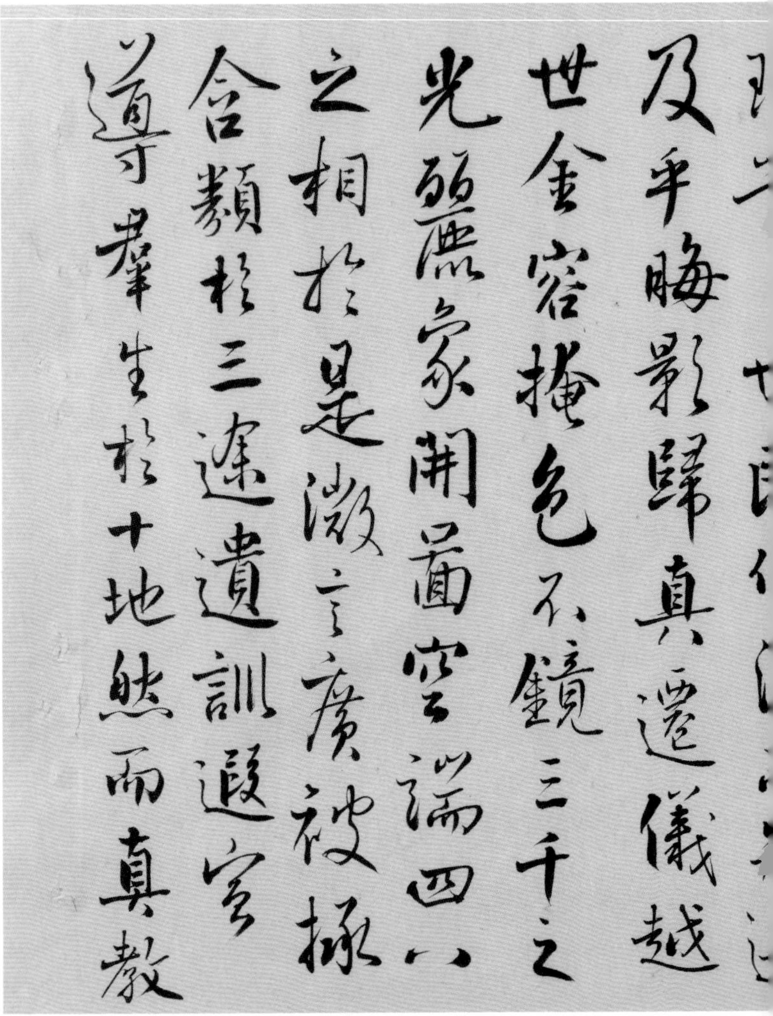
及乎晦影歸真遷儀越
世金容掩色不鏡三千之
光麗象開圖空端四八
之相於是微言廣被拯
含類於三途遺訓遐宣
導羣生於十地然而真教

【注释】骏发：指迅速发扬。出自《诗经·周颂·噫嘻》：“骏发尔私。”

【译文】没有革新就不能前进，没有旧法也不能守成；一面守成一面前进，这才是国家可以迅速发展而又维持稳定局面的原因。

05

『非新无以为进，非旧无以为守；且守且进，此其国之所以骏发而又治安也。』

——《主客平议》，1902年

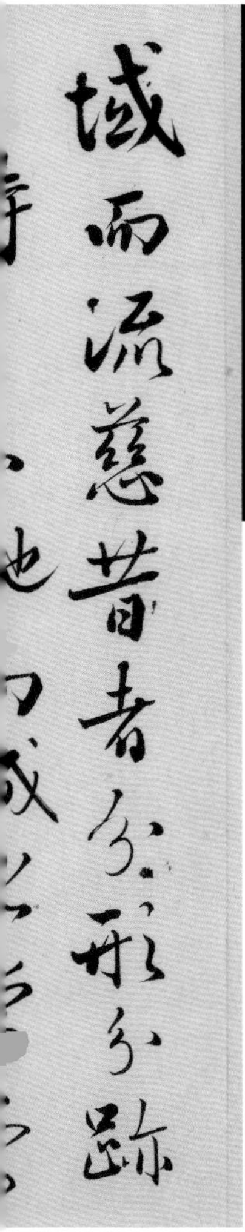

严复临怀仁《集王圣教序》（局部）

严复

【译文】当今关于革命的议论，遍布全国。扭转乱象回归正道则可行，放弃稳定的治理而任其动乱则不可。

06

『乃今者革命之谈，遍南北矣。夫拨乱反正可也，弃治从乱不可也。』

——《主客平议》，1902年

07

『是以今日要政，统于三端：一曰鼓民力，二曰开民智，三曰新民德。』

——《原强》（修订稿），1901年

【译文】因此现今最重要的政治设施，可归结为三项：一是激奋国民实力，二是开发国民智慧，三是更新国民道德水准。

08

『然终谓民智不开，则守旧维新两无一可。』

——《与张元济书》，1899年

【译文】但说到底百姓的智慧不开发，无论守成与变法都不可行。

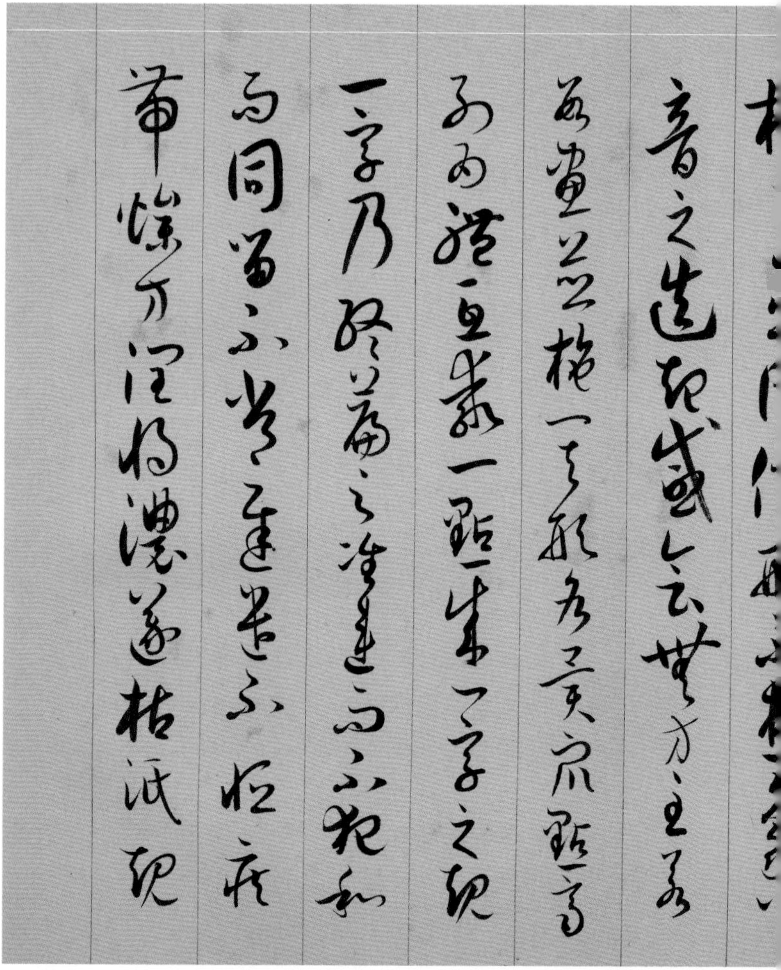

【注释】盖：文言文发语词，一般作句首的语气助词，表示要发议论，起到引起下文的作用，没有实际意义，翻译时可以省去。

【译文】就谋国的方略而言，没有比转祸为福更好的了；而臣子们的罪过，没有比自私自利更大的了。

09

『盖谋国之方，莫善于转祸而为福；而人臣之罪，莫大于苟利而自私。』

——《论世变之亟》，1895年

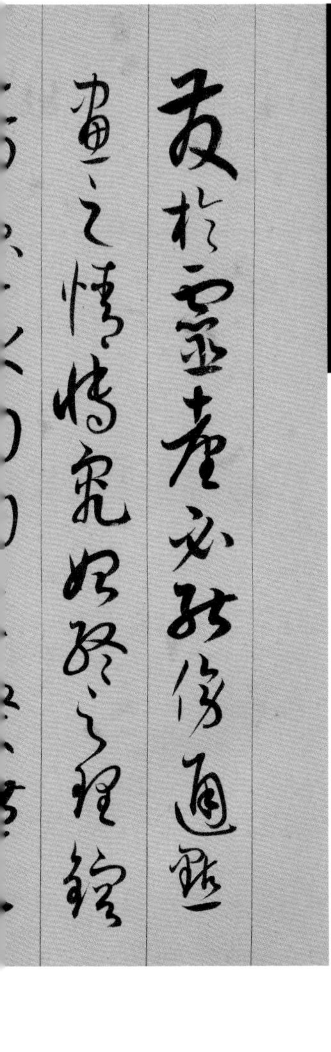

严复临《瘉壄老人遗墨册》（局部）

10

『图国之道，在审已然之势，而求其所可安。』

——《与徐佛苏书》，1919年

【译文】图谋治国之道，在于审察分析已经形成的社会趋势，而求获使国家可以安定的途径。

11

『由是知治道之仁暴清浊，实自民德之厚薄高下而定之。』

——《跋诗册》，1913年

【译文】由此可知治国方略究竟是行仁政还是施暴政，是倡清廉还是见污浊，实际上是由百姓道德的厚薄高低来判定的。

侯官严复

【译文】从未有过崇尚仁义、以公为先、以忠信相扶助的国民，而不能使国家转弱为强，变衰为盛的。

12

『从未有好义首公、忠信相扶之民，而不转弱为强，由衰而盛者。』

——《导扬中华民国立国精神议》，1914 年

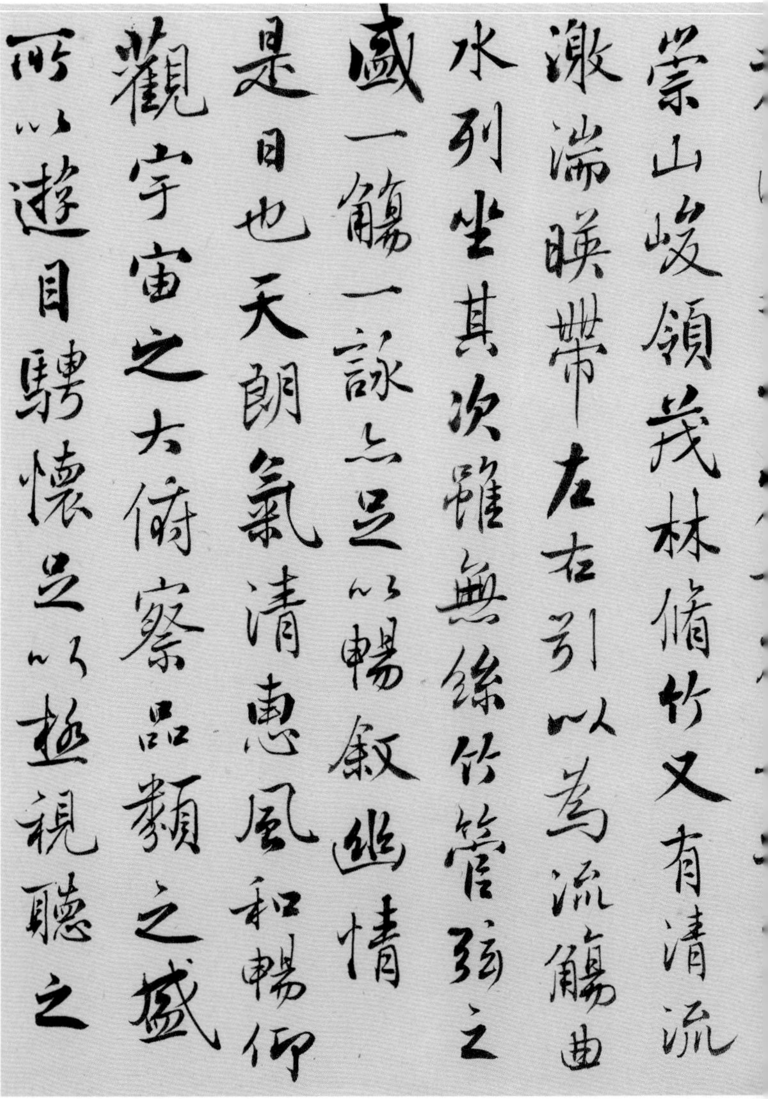
崇山峻領茂林脩竹又有清流
激湍暎帶左右引以為流觴曲
水列坐其次雖無絲竹管弦之
盛一觴一詠亦足以暢敘幽情
是日也天朗氣清惠風和暢仰
觀宇宙之大俯察品類之盛
所以遊目騁懷足以極視聽之

【译文】不从治标着手，就无法挽救目前溃败的局面；但若不解决根本问题，那即使治了标，不久也会因不彻底而自行废毁了。

13

『不为其标，则无以救目前之溃败；不为其本，则虽治其标，而不久亦将自废。』

——《原强》，1895年

严复临王羲之《兰亭序》（局部）

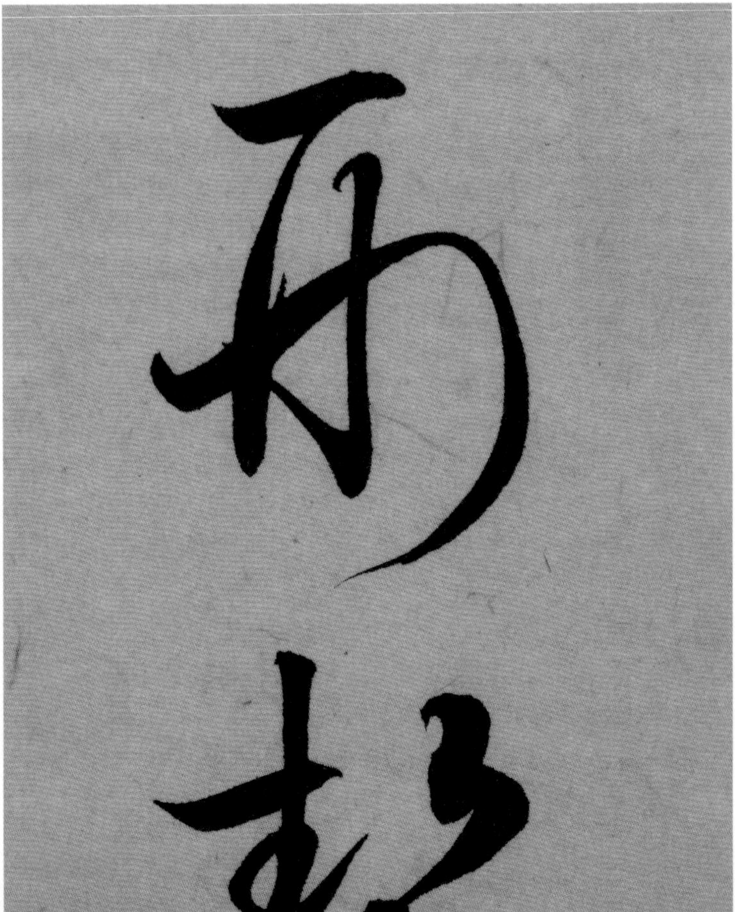

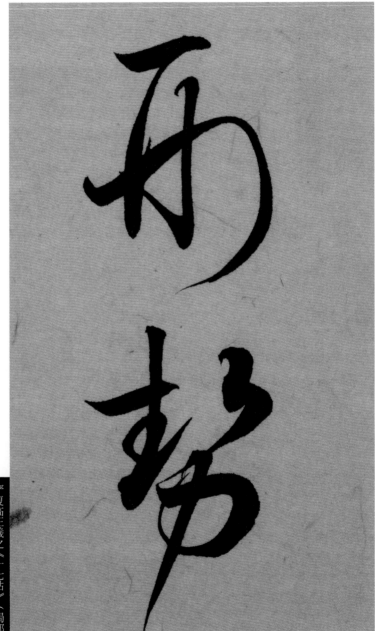

严复临王羲之《十七帖》（局部）

14

『标者，在夫理财、经武、择交、善邻之间；本者，存夫立政、养才、风俗、人心之际。势亟，则不能不先事其标；势缓，则可以深维其本。』

——《拟上皇帝书》，1898年

【译文】所谓治标，包括经理财政、整治武备、选择邦交、睦邻友好等；所谓治本，在于确立为政之道、培养人才、转移风俗、振作人心等。形势危急，就不能不首先从事治标改革；形势缓解，便可以深入维护治理的根本问题。

15

『是故贫民无富国，弱民无强国，乱民无治国。』

——《原强》（修订稿），1901年

【译文】因此百姓贫穷国家便不可能富裕，百姓羸弱国家便不可能强盛，百姓离乱国家便不可能安定。

16

『民之弗能自治者，才未逮，力未长，德未和也。』

——《辟韩》，1895年

【译文】百姓之所以不能自治，是由于他们才能达不到，实力未增长，道德不完美。

17

『以自由为体，以民主为用。』

——《原强》，1895年

【注释】体、用：是中国古代哲学的一对重要范畴，指事物的本体和作用。

【译文】以倡导自由为治国的根本，以推广民主为治国的手段。

18

『身贵自由，国贵自主。』

——《原强》（修订稿），1901年

【译文】人身自由最可贵，国家主权最可贵。

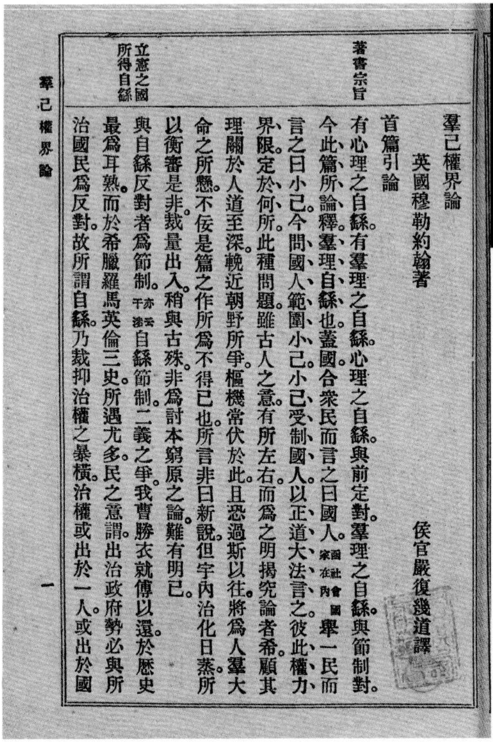
著書宗旨

立憲之國所得自繇

羣己權界論

英國穆勒約翰著　侯官嚴復幾道譯

首篇引論

有心理之自繇。有羣理之自繇。心理之自繇。與前定對。羣理之自繇。與節制對。今此篇所論釋。羣理自繇也。蓋國合衆民而言之曰國人。國社會國家在內舉一民而言之曰小己。今問國人範圍小己。小己受制國人。以正道大法言之。彼此權力界限。定於何所。此種問題。雖古人之意。有所左右。而爲之明揭究論者希。顧其理關於人道至深。輓近朝野所爭。樞機常伏於此。且恐過斯以往。將爲人羣大命之所懸。不佞是篇之作所爲不得已也。所言非曰新說。但宇內治化日蒸。所以衡審是非。裁量出入。稍與古殊。非爲討本窮原之論。難有明已。與自繇反對者爲節制。亦云干涉自繇節制。二義之爭。我曹勝衣就傅以還。於歷史最爲耳熟。而於希臘羅馬英倫三史。所遇尤多。民之意謂。出治政府勢必與所治國民爲反對。故所謂自繇。乃裁抑治權之暴橫。治權或出於一人。或出於國

羣己權界論　一

【注释】繇 [yóu]：古同“由”。

【译文】要知道言论自由，只是平正质朴地说实话求真理，一不为古人所误导，二不屈服于权势罢了。只要是真理或事实，即使出自仇家，也不能因人废言。

19

『须知言论自繇，只是平实地说实话求真理，一不为古人所欺，二不为权势所屈而已。使理真事实，虽出之仇敌，不可废也。』

——《〈群己权界论〉译凡例》，1903年

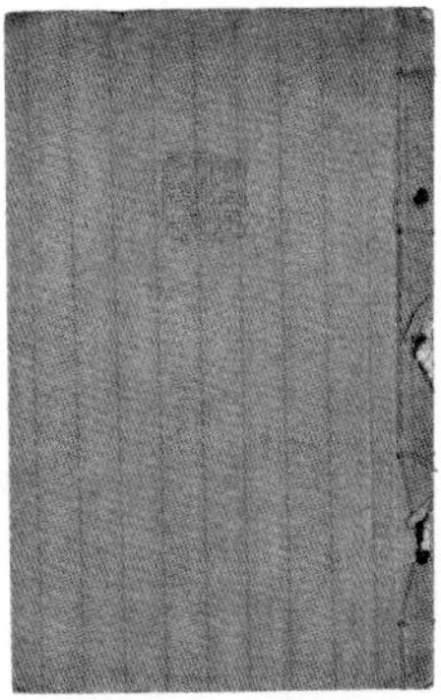

严复临孙过庭《书谱》（局部）

经济篇

NO.20~27

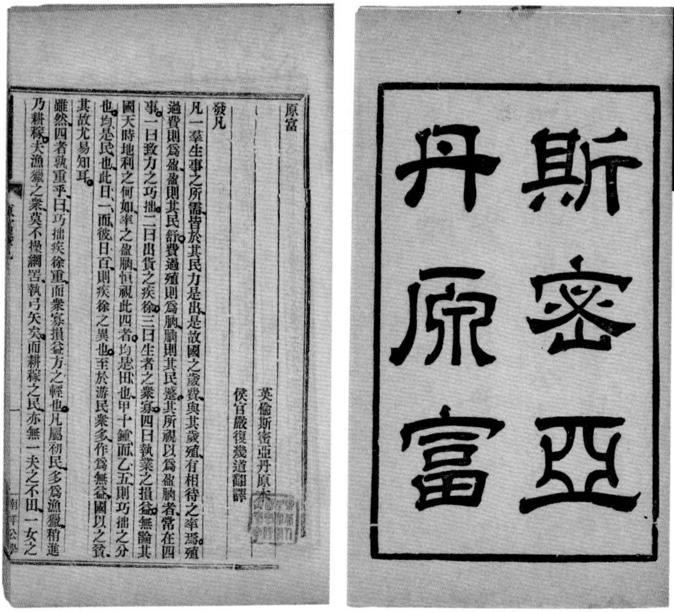
斯密亞丹原富

原富

英倫斯密亞丹原本

侯官嚴復幾道翻譯

發凡

凡一羣生事之所需皆於其民力是出是故國之歲費與其歲殖有相待之率焉殖過費則爲盈盈則其民舒費過殖則爲朒朒則其民蹙其所視以爲盈朒者常在四事一曰致力之巧拙二曰出貨之疾徐三曰生者之衆寡四曰執業之損益無論其國天時地利之何如率之盈朒恒視此四者均是田也甲十鍾而乙五則巧拙之分也均是民也此日一而彼日百則疾徐之異也至於游民衆多作爲無益國以之貧其故尤易知耳

雖然四者孰重乎曰巧拙疾徐重而衆寡損益方之輕也凡屬初民多爲漁獵稍進乃耕稼夫漁獵之衆莫不操網罟執弓矢矣而耕稼之民亦無一夫之不田一女之

南洋公學

【注释】计学：严复译名，英文 Economics，后为日译之“经济学”所取代。

【译文】处在今日，若为人谋划治理国家，就不可不了解经济学。

20

『今之日，谋人国家者，所以不可不知计学也。』

——《〈原富〉案语》，1901 年

21

『夫计学者，切而言之，则关于中国之贫富；远而论之，则系乎黄种之盛衰。』

——《〈原富〉译事例言》，1901年

【译文】所谓经济学，就眼前现实而言，是关于中国贫富的学说；从长远来看，它事关中华民族的盛衰存亡。

22

『生财之术多门，而民富必基于政美。』

——《〈原富〉案语》，1901年

【译文】增长财富的办法有多种，但要使百姓真正富裕，则必须以政治美善为基础。

几道

【译文】国家向百姓征收赋税，不是用于私人目的，而是取之于百姓，然后回过头来又用之于百姓。

23

『国家之赋其民，非为私也，亦以取之于民者，还为其民而已。』

——《〈原富〉案语》，1901年

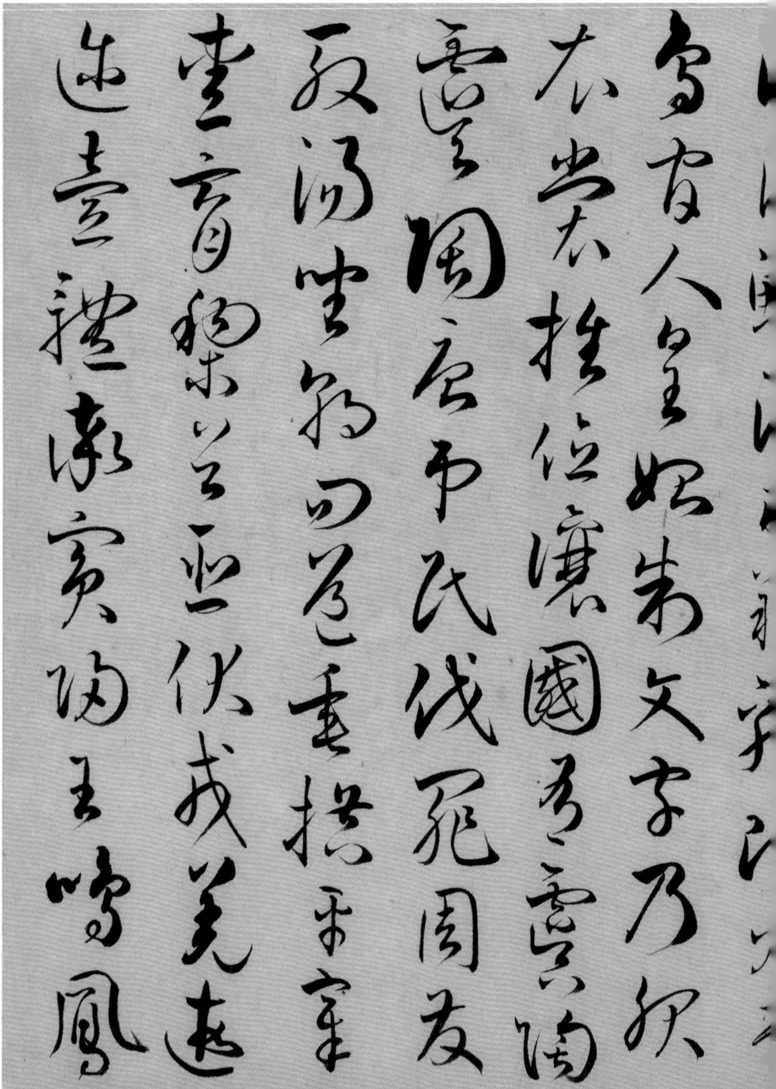

【译文】所以国家迫切要做的事情，在于为百姓开发致富的源泉，而使之能够承担得起沉重的赋税。

24

『故国之所急，在为其民开利源，而使之胜重赋。』

——《〈原富〉案语》，1901年

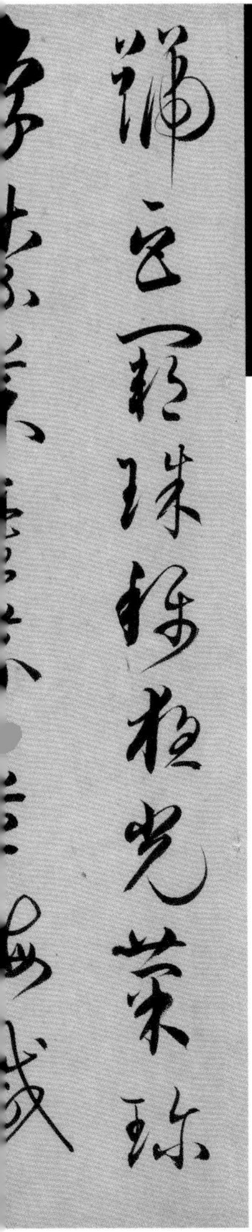

严复临智永《千字文》（局部）

25

『云《原富》者，所以察究财利之性情、贫富之因果，著国财所由出云尔。』

——《〈原富〉译事例言》，1901年

【注释】《原富》：系严复译名，即今天众所周知的亚当·斯密著作《国富论》。

【译文】此书称《原富》，旨在考察研究人类资财与富利的情态、社会贫富之间的因果关系，昭示国家财富是如何产生和开发等问题。

26

『工商二者，据泰西计学家言，其局皆成于自然，使上之人插手其间，必大害事。』

——《沈瑶庆奏稿批语》，1901年

【译文】工业和商业二者，据西方经济学家的说法，其格局和规模都是自然形成的，当权者如若插手干涉，一定会大大妨害它们的发展。

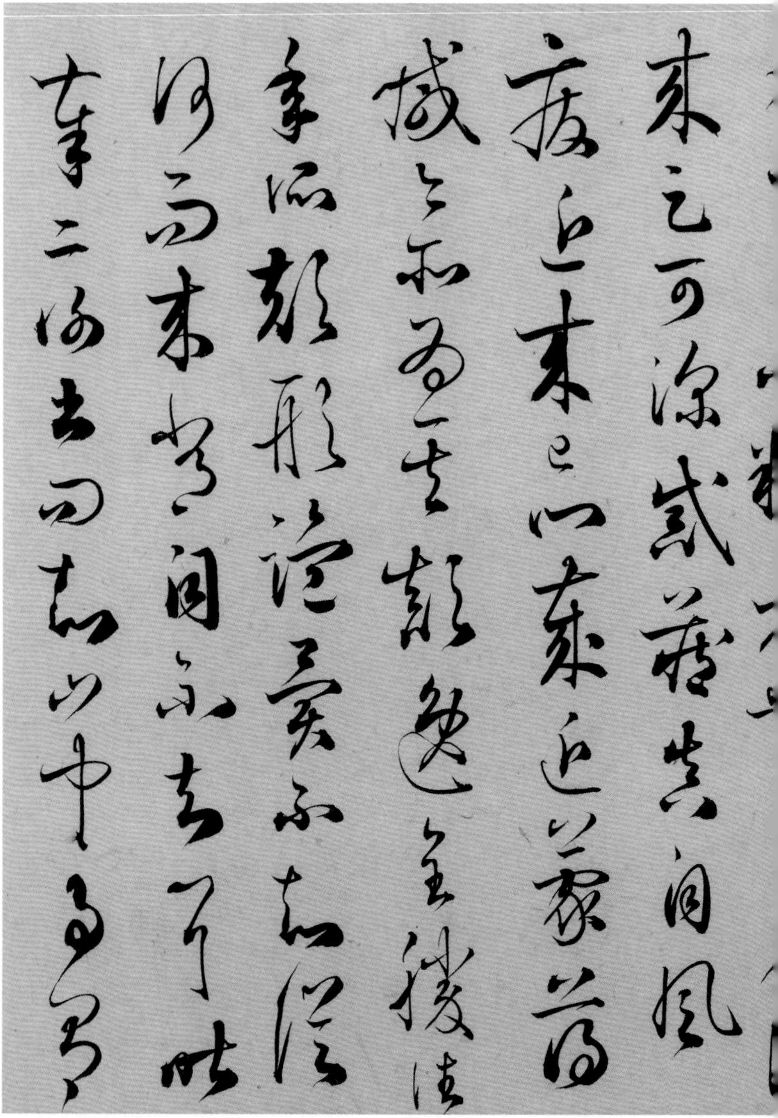

【译文】要想摆脱贫困，除了发展交通外，最紧迫的事情莫过于尽快修改不合时宜的法规政令。

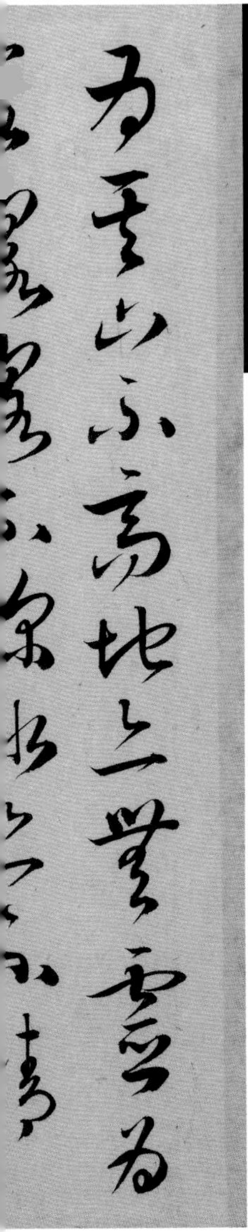

严复临怀素《论书帖》（局部）

27

『欲为救贫，既广交通而外，又莫若修其法令为最亟。』

——《救贫》，1913年

法制篇

NO.28~38

侯官严氏

【注释】俟 [sì]：等待。

【译文】世界上的一切法律，惟有本着极其诚心诚意、大公无私的立法精神，才可以不违背天地意愿，即使过了百代也不会令人疑惑。

28

『盖世间一切法，惟至诚大公，可以建天地不悖，俟百世不惑。』

——《〈群己权界论〉译凡例》，1903年

几道私印

【译文】中国之所以不能振兴，不是法制律令不好，其弊病在于遵守与推行不力。

29

『中国之所不振者，非法不善也，患在奉行不力而已。』

——《原强》，1895年

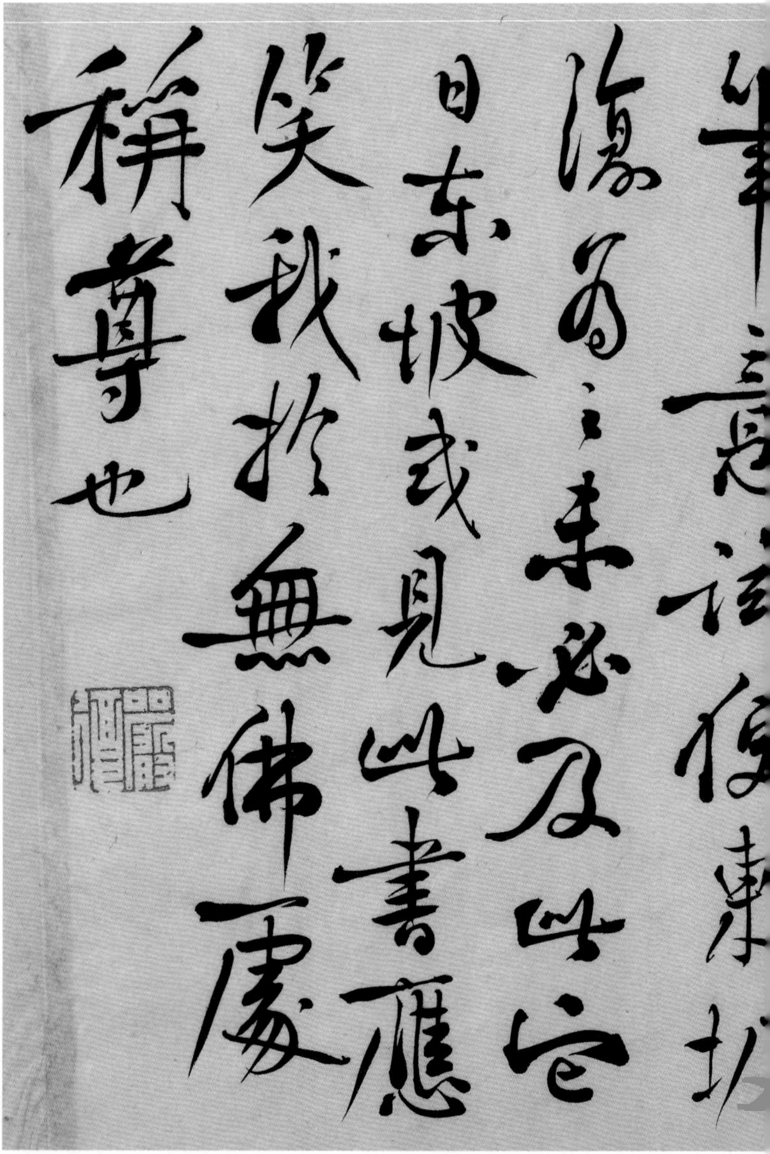

【译文】正理平治的国家的法律，是为百姓而立，所以它的推行，在于为百姓谋取福惠；偏险悖乱的国家的法律，是为统治者而立，所以它的推行，在于为统治者营求私利。

30

『治国之法，为民而立者也，故其行也，求便于民；乱国之法，为上而立者也，故其行也，求利于上。』

——《〈法意〉案语》，1905年

严复临黄庭坚《黄州寒食帖后跋》（局部）

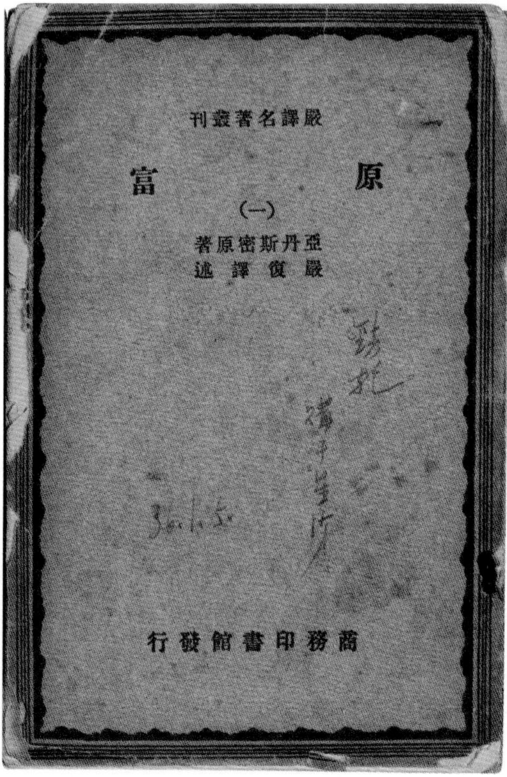

【译文】从古以来没有完美无缺的法律，当百姓道德未有长进，智慧未能恢宏之时，则法律推行过程所体现的弊病便会特别多。

31

『自古无无弊之法，方民德未进，民智未宏，则法之为弊尤众。』

——《〈原富〉案语》，1901年

严复之印

【译文】所以法令推行的程度，也必须依据百姓素质的高低而权衡调整。

32

『故法之行也，亦必视民而为之高下。』

——《日本宪法义解》序，1901 年

几道

【译文】国家之所以长久处于安定局面，百姓之所以长久免于暴政苛扰，依靠的是制度，而不是依靠某个当权者的仁德。

33

『国之所以常处于安，民之所以常免于暴者，亦恃制而已，非恃其人之仁也。』

——《〈法意〉案语》，1905年

严复临苏轼《次韵秦太虚见戏耳聋》诗行书中堂（局部）

34

『制无美恶，期于适时；变无迟速，要在当可。』

——《宪法大义》，1906年

【译文】制度不存在美恶，只求适于时宜；
变革不刻求快慢，重在合乎需要。

35

『民主之精神在德，独治之精神在礼，专制之精神在刑。』

——《宪法大义》，1906年

【译文】民主制度的精神在于道德，君主制度的精神在于礼仪，专制制度的精神在于刑罚。

36

『五洲治制，不出二端：君主、民主是已。君主之国权，由一而散于万；民主之国权，由万而汇于一。』

——《〈法意〉案语》，1905年

【译文】五大洲的政治制度，不出乎两种：君主制度和民主制度。君主制度国家的权力，自上而下由一人而散于大众；民主制度国家的权力，自下而上由万民而汇聚于一人。

严复印信

【注释】郅 [zhì]：最，极。郅治，治理得极好。

【译文】民主之所以成为民主，在于体现了平等精神。但平等务必追求实质意义上的平等，而不可强迫拉平之。一定要使大众的实力平等、智慧平等、道德平等。如果这三者都达到平衡，那么极好政治局面的民主就实现了。

37

『夫民主之所以为民主者，以平等。顾平等必有所以为平者，非可强而平之也。必其力平，必其智平，必其德平。使是三者平，则郅治之民主至矣。』

——《〈法意〉案语》，1905年

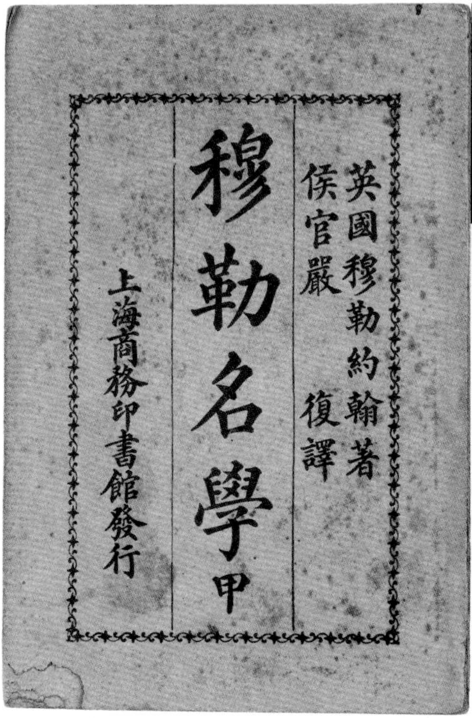

【注释】希：通“稀”，稀缺。

【译文】国家如果没有版权法，书籍的出版将会越来越少，以至于断绝。书籍稀少乃至断绝，其对教育的损害，不用智者判断，普通人都可想而知。

38

『国无版权之法者，其出书必希，往往而绝。希且绝之害于教育，不待智者而可知矣。』

——《与张百熙书》，1902年

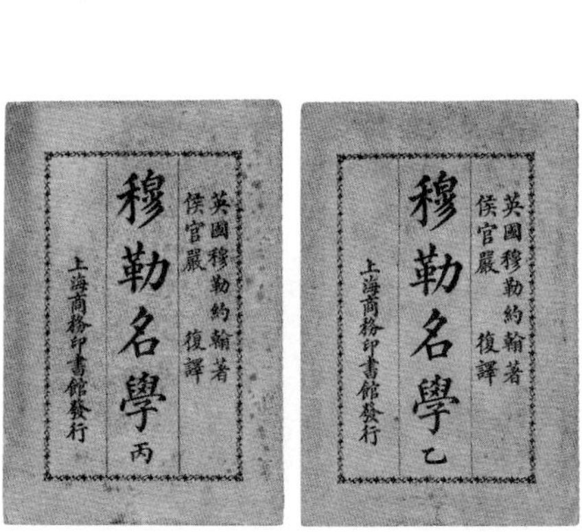

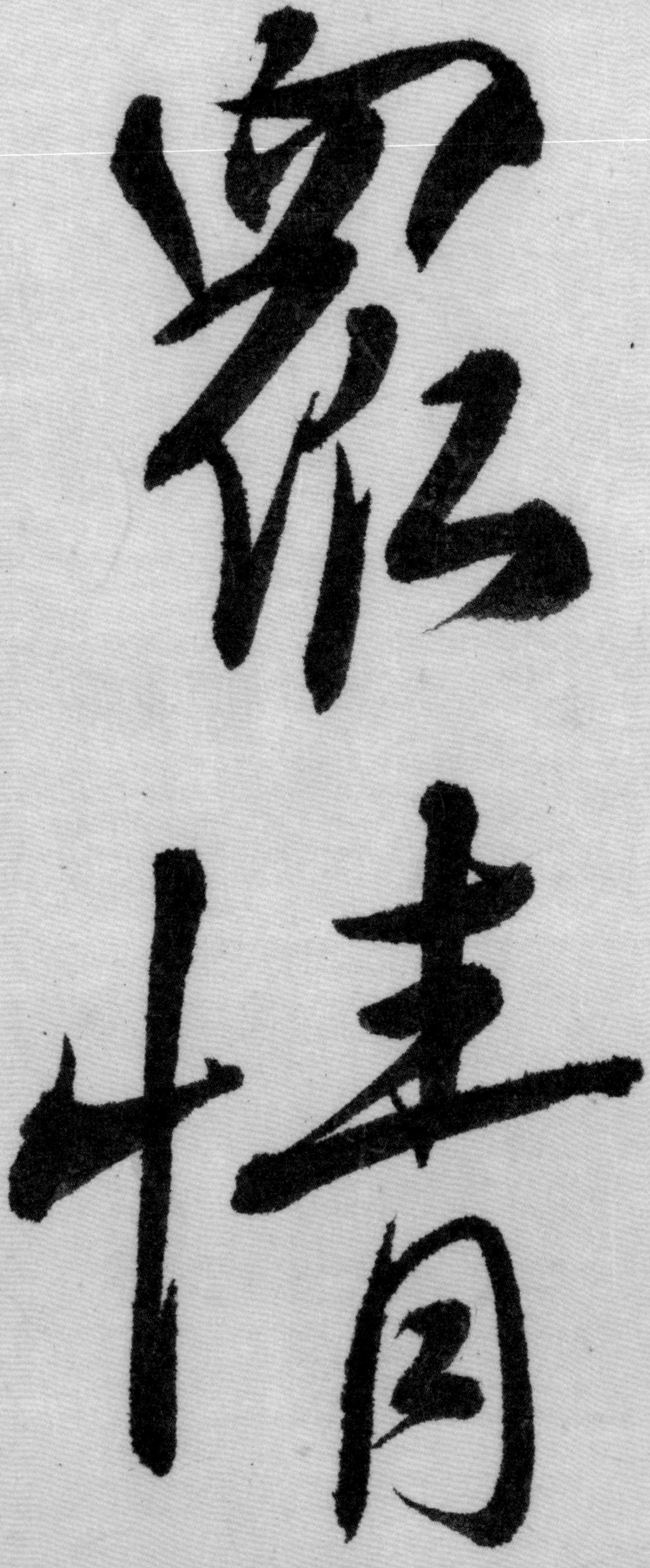

严复临颜真卿《争座位帖》（局部）

社会篇

NO.39~47

几道长寿

【注释】群治：指社会治理。

【译文】民众文明进步，社会治理日新月异，一定要借鉴古代先贤的经验，才可以求得幸福。

39

『文明进步，群治日新，必借鉴于古先，乃可求其幸福。』

——《泰晤士〈万国通史〉序》，1909年

几道六十以后作

【译文】所谓物种竞争，就是物种通过竞争求得自我生存；所谓自然选择，就是保存那些适应生态环境的物种。

40

『物竞者，物争自存也；天择者，存其宜种也。』

——《原强》（修订稿），1901 年

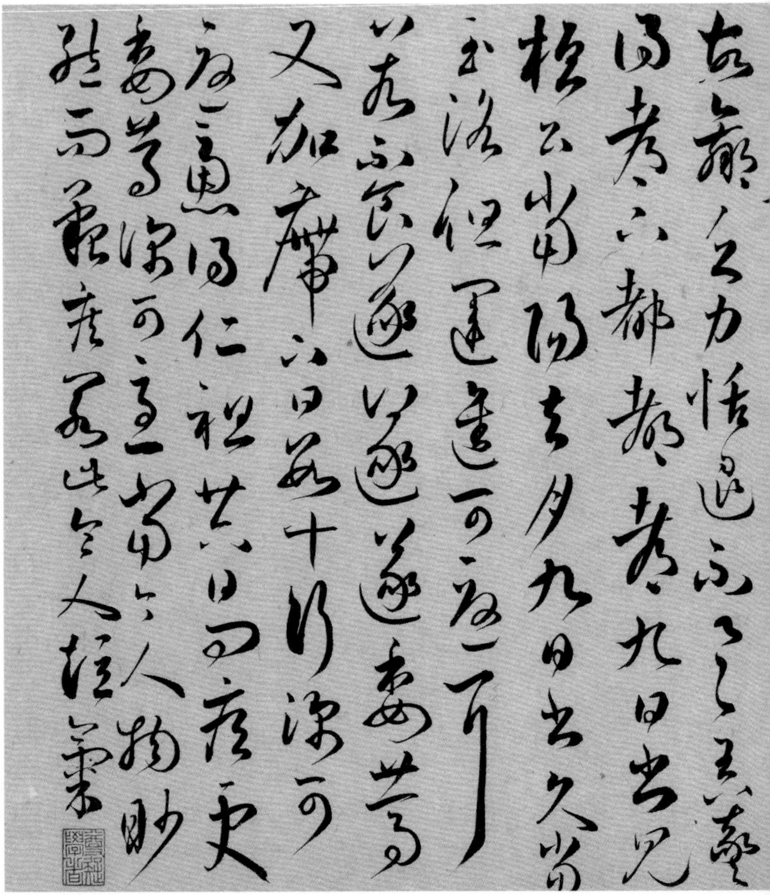

【译文】起初，物种与物种之间竞争，等到稍进一步就是族群与族群之间竞争，弱者常常被强者吃掉，愚者常常被智者奴役。

41

『其始也，种与种争，及其稍进则群与群争，弱者常为强肉，愚者常为智役。』

——《原强》（修订稿），1901年

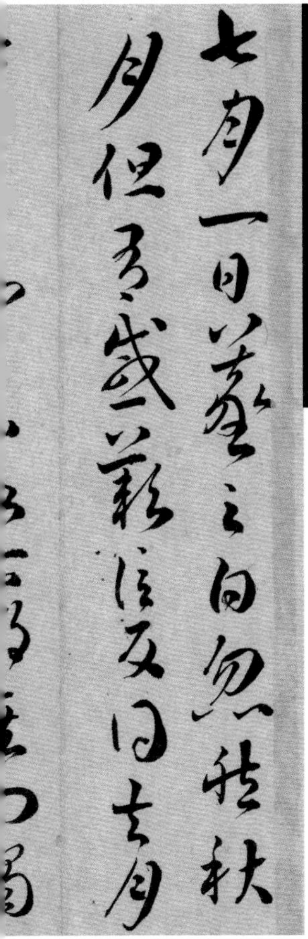

严复临王羲之《秋月贴》《都下帖》

严复译《天演论》

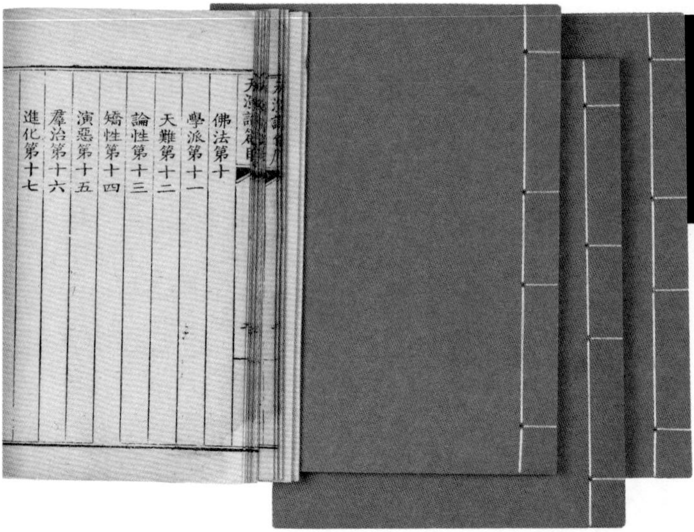

【译文】我辈生于今日，所能知道的，就是社会一定进步，后来将胜于当今。

42 『吾党生于今日，所可知者，世道必进，后胜于今而已。』

——《〈天演论〉案语》，1896年

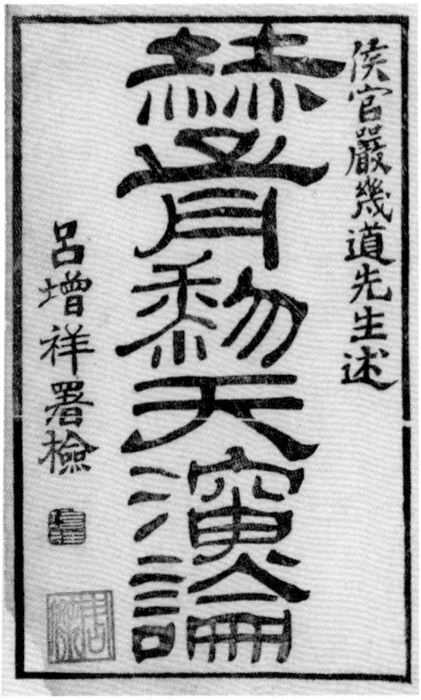
侯官嚴幾道先生述

赫胥黎天演論

呂增祥署檢

几道之章

【译文】所谓开化的民族，开化的国家，必定是拥有强权而不用于欺辱他人，拥有巨力而不借以掠夺他人。

43

『所谓开化之民，开化之国，必其有权而不以侮人，有力而不以夺人。』

——《驳英〈太晤士报〉论德据胶澳事》，1897年

几道

【译文】通达的意义有两方面：一是通晓上下的情志，一是通贯中外的历史。

44

『夫通之道有二：一曰通上下之情，一曰通中外之故。』

——《〈国闻报〉缘起》，1897年

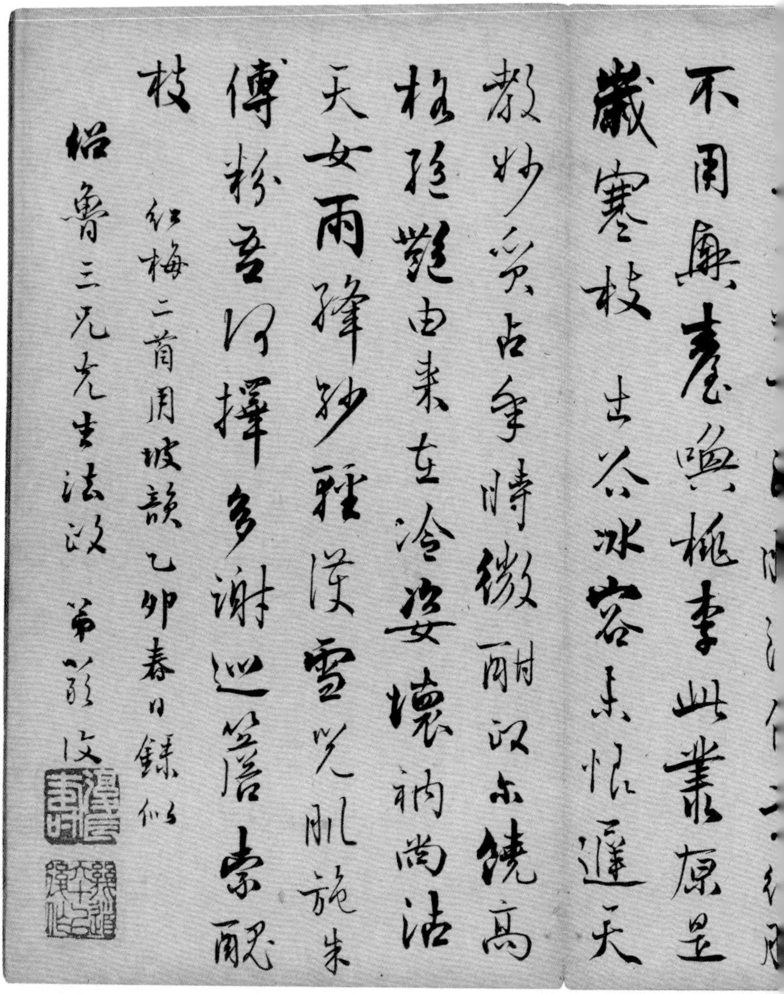

【注释】昧昧：昏暗貌。

【译文】一种好制度的确立，一种好风俗的形成，动辄经历千百年而后才产生，人们为何要放弃故有的善制美俗，而去盲目追求尚不可知的未来事物呢！

45

『一善制之立，一美俗之成，动千百年而后有，奈之何弃其所故有，而昧昧于来者之不可知耶！』

——《宪法大义》，1906 年

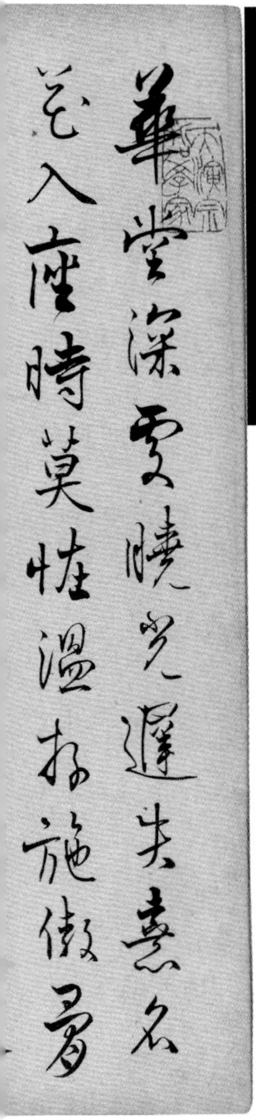

严复《行书〈红梅诗〉二首册页》

羣學肄言

羣學肄言

英倫 斯賓塞爾 造論

侯官 嚴復幾道 翻譯

砭愚第一

每歲田功告隙。三五佃傭。銜煙斗。揚酒巵。箕坐山邨酒肆間。盛氣高談。論牛疫盛行。議院毫無補救之術。農頭揎拳抵几。桮琖鏗然。偶令歲屠牛。利入曾無往時之半。皆當官不恤民依之所致也。更論農商利病。輒云某事當興。某令當廢。極口無所疑難。氣象大似護商律初罷時。當是時鄉民皆言。本國稅重。使此令果除。將他國輕稅之貨。源源入市。與本

以下言民所以易爲政論而責上無倫者坐知識微淺之故不獨小民爲然士大夫時亦有是

羣學肄言 砭愚第一 一

【注释】群学：严复译名，有的学者认为是指“社会学”，有的学者则认为应指广义的“社会科学”。

【译文】社会学是什么？就是用科学的原理，考察社会或族群变化的缘由，以了解过去的事物，预测未来的趋势。

46

『群学何？用科学之律令，察民群之变端，以明既往、测方来也。』

——《译〈群学肄言〉序》，1903年

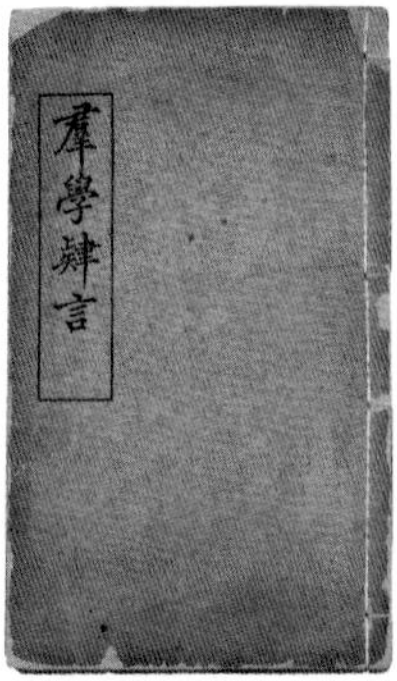

严复

【注释】三纲：即君为臣纲，父为子纲，夫为妻纲。

【译文】中国人最重视的是三纲，而西方人首先倡明的是平等。

47

『中国最重三纲，而西人首明平等。』

——《论世变之亟》，1895年

严复书《知者、为于楷书八言联》（局部）

教育篇

NO.48~64

48

『民智者，富强之原。』

——《原强》（修订稿），1901年

【译文】民众的智慧，就是国家富强的源泉。

49

『盖教育者，将教之育之使成人，不但使成器也；将教之育之使为国民，不但使邀科第、得美官而已，亦不但仅了衣食之谋而已。』

——《教授新法》，1906年

【译文】教育的目的，是教导培养学生成为具有完全人格的人，不只是培训学生让他成为一行一业的专家；是教导培养学生成为合格的国家公民，不只是让他们考取功名、获得高官，也不只是让他们仅仅拥有谋生的手段而已。

严复长寿

【译文】所以说陶冶造就新式国民，使他们有利于推行新政制度，是教育的重大责任。

50

『是故陶铸国民，使之利行新制者，教育之大责。』

——《宪法大义》，1906年

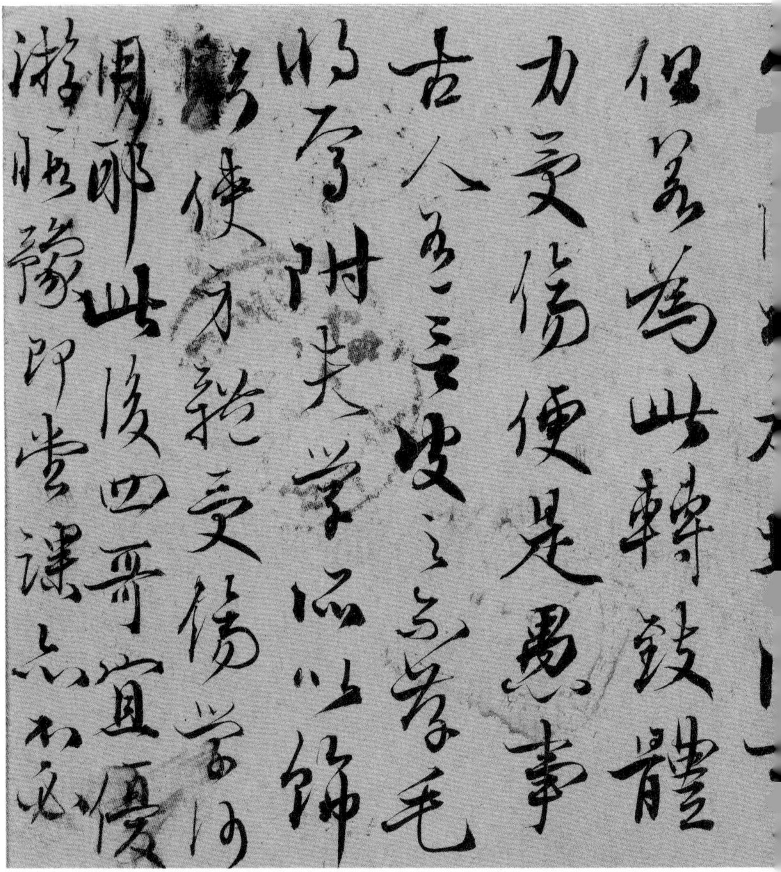

【注释】籀 [zhòu]：内籀，是逻辑学术语“归纳 ”的旧译名。外籀，是逻辑学术语“演绎”的旧译名。

【译文】教育的主要目的，是使学生思想品德不出现偏差。所以在科目的安排上，对思想、感情以及逻辑思维的归纳演绎等方面，都不能有所偏废。

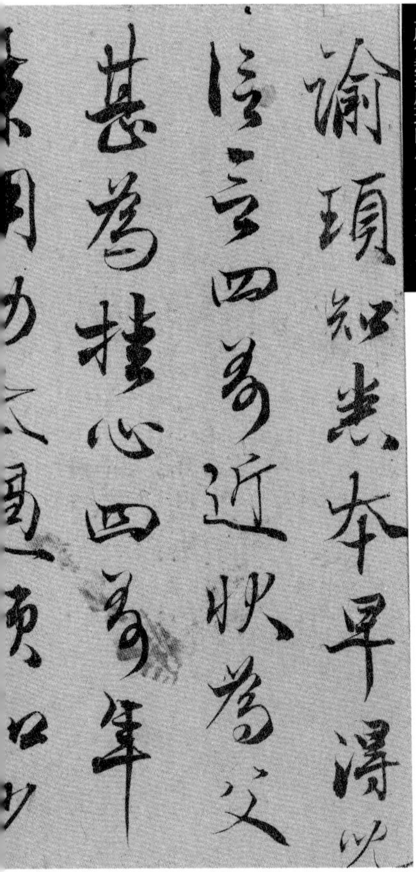

严复致严顼明信片（背面）

51

『盖教育要义，当使心德不偏。故所用学科，于思理、感情、内外籀，皆不可偏废。』

——《教授新法》，1906年

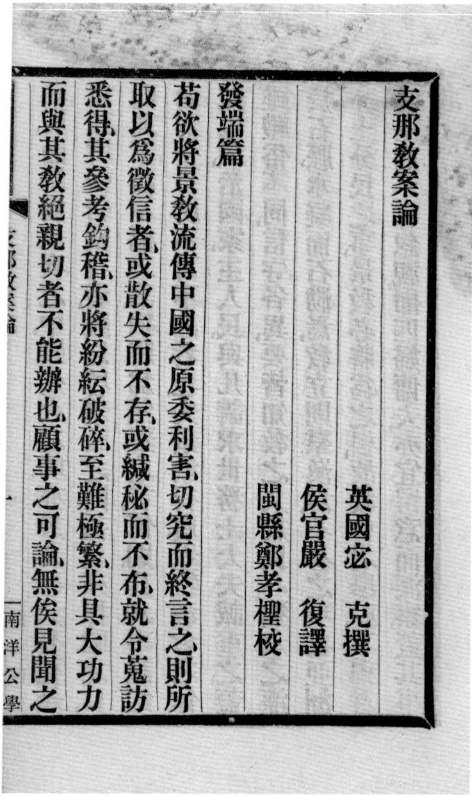
支那教案論

英國宓　克撰

侯官嚴　復譯

閩縣鄭孝檉校

發端篇

苟欲將景教流傳中國之原委利害，切究而終言之，則所取以爲徵信者，或散失而不存，或緘秘而不布，就令蒐訪悉得其參考鈎稽，亦將紛紜破碎，至難極繁，非具大功力而與其教絕親切者不能辨也。顧事之可論，無俟見聞之

支那教案論　一　南洋公學

严复译《支那教案论》

【注释】①祛 [qū]：除去，驱逐。

②实业：生产制造业。

【译文】说到今天的教育，能以之救国，并摒弃以往学界弊端的，实在没有比实业教育更卓有功效的了。

52

『言今日之教育，所以救国，而祛往日学界之弊者，诚莫如实业之有功。』

——《实业教育》，1906年

复长寿

【译文】明确制定今后教育的宗旨，在于崇尚爱国奉公、敬尚英武勇敢、尊尚实事求是三句话。这三方面，确是人类最宝贵高尚的思想美德。

53

『明定此后教育宗旨，有尚公、尚武、尚实三言。此三者，诚人类极宝贵高尚之心德。』

——《教授新法》，1906年

严（押）

【译文】（中国文化的转型）一定要做到开阔视野和拓展思想，统括新知旧学而使之贯通，兼蓄中外文化而虑及全面，这样才能有所创获，而要做好此事将是何等困难啊！

54

『必将阔视远想，统新故而视其通，苞中外而计其全，而后得之，其为事之难如此！』

——《与〈外交报〉主人书》，1902年

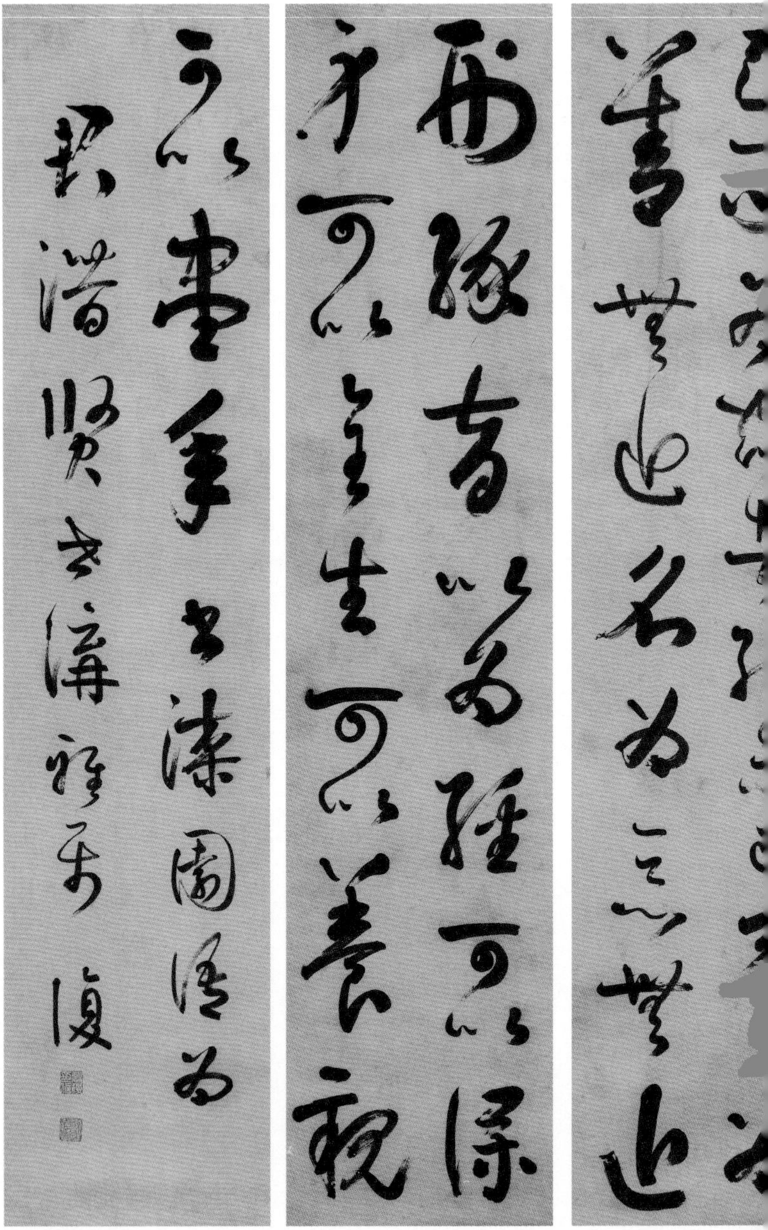

55

『是以讲教育者，其事常分三宗：曰体育，曰智育，曰德育。』

——《论教育与国家之关系》，1906年

【译文】所以讲论教育，其内容常常分三方面：体育，智育，德育。

严复《〈庄子·养生主〉四条屏》

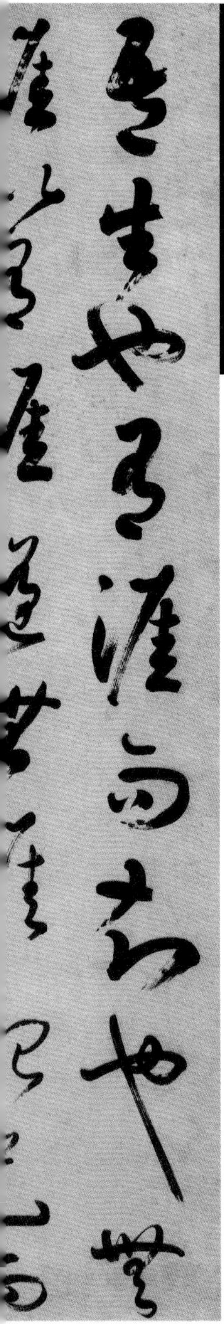

56

『是故居今而言，不佞以为智育重于体育，而德育尤重于智育。』

——《论教育与国家之关系》，1906 年

【注释】不佞：指没有才能，旧时用来谦称自己。语出《论语·公冶长》："雍也，仁而不佞。"严复经常用"不佞"谦称自己。

【译文】所以从今天来说，我认为智育比体育重要，而德育又比智育更重要。

57

『故中国此后教育，在在宜着意科学，使学者之心虑沉潜，浸渍于因果实证之间。』

——《与〈外交报〉主人书》，1902年

【注释】①沉潜：指沉浸其中，即深入探究。
②浸渍[jìnzì]：指渗透浸泡在液体中。

【译文】所以中国今后的教育，处处应该重视科学方法，使学生的心思智虑能沉潜下去，埋头沉浸于因果推理与实证方法之中。

58

『德育当主于尚公，体育当主于尚武，而尚实则惟智育当之。』

——《教授新法》，1906年

【译文】德育的目的主要是培养学生崇尚爱国奉公，体育的目的主要是培养学生敬尚英武勇敢，而尊尚实事求是的精神则只有依靠智育才能做到。

59

『徒力不足以为强且盛也，则以智。徒力与智，犹未足以为强且盛也，则以德。是三者备，而后可以为真国民。』

——《〈女子教育会章程〉序》，1907年

【译文】仅凭力量还不足以达到强盛，则需要增入智慧。仅凭力量与智慧还不足以达到强盛，则需要增入道德。这三者都具备，然后才可以成为真正的国民。

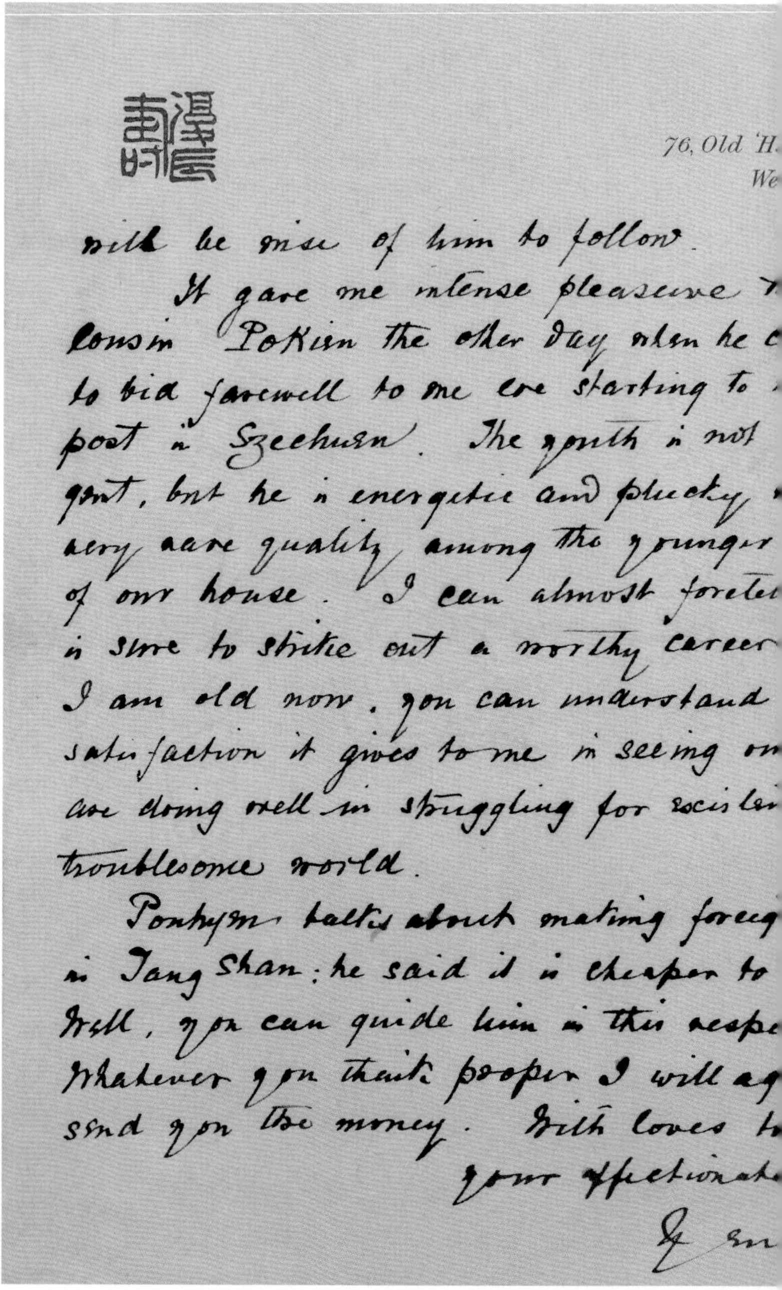
76, Old 'H.
We

with be wise of him to follow.
It gave me intense pleasure t
cousin PoKien the other day when he c
to bid farewell to me ere starting to
post in Szechuan. The youth is not
gent, but he is energetic and plucky,
very rare quality among the younger
of our house. I can almost foretel
is sure to strike out a worthy career
I am old now, you can understand
satisfaction it gives to me in seeing on
are doing well in struggling for excel
troublesome world.
Pontyun talks about making foreig
in Tang Shan: he said it is cheaper to
well, you can guide him in this respe
Whatever you think proper I will ag
send you the money. With loves t
your affectionate

60

『普通教育所以养公民之常识，高等大学所以养专门之人才。无公民则宪法难以推行，无专门则庶功无由克举。』

——《论北京大学校不可停办说帖》，1912年

严复致严伯鋆英文信札（局部）

【注释】①庶功：指各种事功。

②克举：指限期兴办。

【译文】普通教育可以培养公民常识，高等教育可以培养专业人才。没有公民则宪政难以推行，没有专业人才则各种门类的事业难以兴办。

61

『中小高等皆造就学生之地，大学固以造就专门矣，而宗旨兼保存一切高尚之学术，以崇国家之文化。』

——《论北京大学校不可停办说帖》，1912年

【译文】大中小学的教育都是培养造就学生的地方，大学本来就具有造就专门人才的功能，而它的宗旨还兼有保存传承一切高尚学术，以此弘扬国家的优秀传统文化。

62

『体用者，即一物而言之也。有牛之体，则有负重之用；有马之体，则有致远之用。未闻以牛为体，以马为用者也。』

——《与〈外交报〉主人书》，1902年

【译文】本体与作用，是就同一事物的两面而言。譬如是牛之体，就有负重之用；是马之体，就有驰骋行远之用。从来没有听说过以牛为本体，可以发挥马的作用。

尊疑学者

【注释】中学、西学：是晚清通用的语言，用来表达"中国学术文化"和"西方学术文化"。

【译文】所以中国学术文化有中国学术文化的体和用，西方学术文化有西方学术文化的体和用，各自分别发展就能并立共荣，强行糅合便会两相消亡。

63

『故中学有中学之体用，西学有西学之体用，分之则并立，合之则两亡。』

——《与〈外交报〉主人书》，1902年

严复《行草杜甫诗三首四条屏》（局部）

64

『夫八股非自能害国也，害在使天下无人才。其使天下无人才奈何？曰有大害三：其一害曰锢智慧，其二害曰坏心术，其三害曰滋游手。』

——《救亡决论》，1895年

【译文】八股取士制度本身并不危害国家，其危害在于导致天下丧失人才。导致天下丧失人才又会怎么样呢？我认为它有三项重大弊害：一害是禁锢士人的智慧，二害是败坏学者的心术，三害是滋长游手好闲的恶行。

严复行书 苏轼《柳氏二外甥求笔迹》诗中堂（局部）

治学篇

NO.65~84

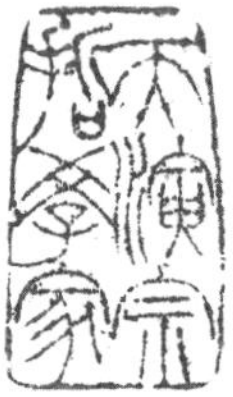

天演宗哲学家

【译文】（西方国家）在学术研究方面是摒除虚伪而崇尚真理，在政治法律方面是抑制私欲而伸张公义。

65

『于学术则黜伪而崇真，于刑政则屈私以为公而已。』

——《论世变之亟》，1895年

66

『培根言：「凡其事其物为两间之所有者，其理即为学者之所宜穷，所以无大小，无贵贱，无秽净，知穷其理，皆资妙道。」』

——《西学门径功用》，1898年

【注释】①两间：即天地间或人间的意思。语出唐韩愈《原人》："形于上者谓之天，形于下者谓之地，命于其两间者谓之人。"

②妙道：即至道，犹言事物发展的精妙规律。出自《庄子·齐物论》："夫子以为孟浪之言，而我以为妙道之行也。"

【译文】培根说："只要是天地间所存在的事物，它们存在的道理就是学者所应当深入研究的对象。所以研究对象不论大小，不论贵贱，不论清浊，只要懂得穷究其所存在的道理，都有助于探明事物发展的精妙规律。"

67

『吾闻学术之事，必求之初地而后得其真，自奋耳目心思之力，以得之于两间之见象者，上之上者也。』

——《与〈外交报〉主人书》，1902年

【注释】①初地：佛教语，谓修行过程十个阶位中的第一阶位。

②见象：通“现象”。

【译文】我听说学术研究工作，必须求索事物发生的源头然后才能得其真相。研究者努力发挥耳朵、眼睛、头脑的能力去体验思索，于是获得天地间各种自然现象的真实内涵，这才是上上的学术研究方法。

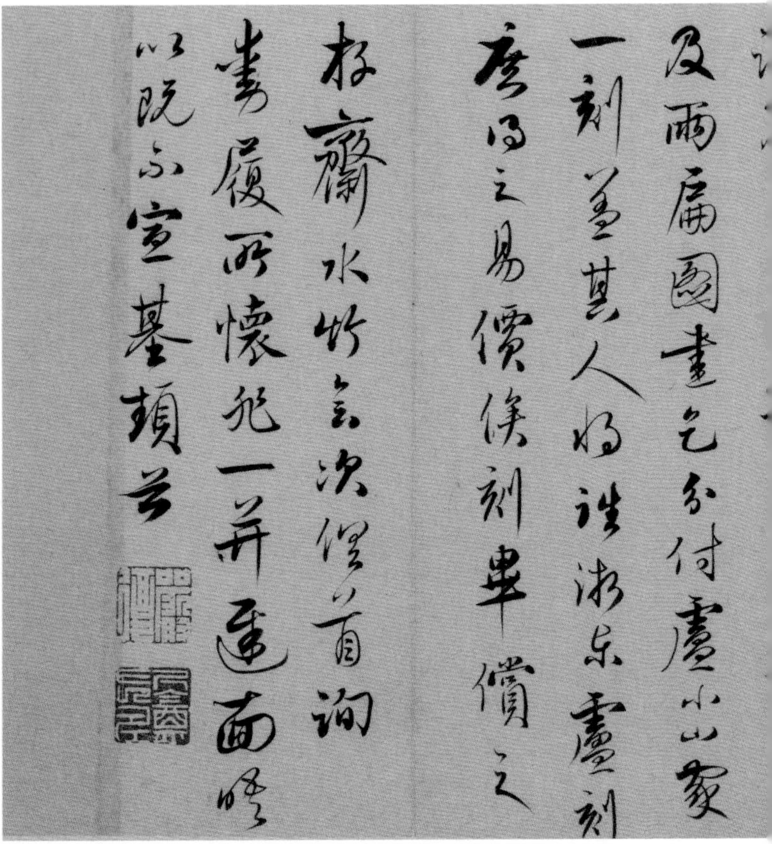

【注释】①荧 [yíng]：闪烁不明之貌。

②见妄 [wàng]：是佛教语“妄见”的变化，佛教认为一切皆非实有，肯定存在都是妄见，和“真如”相对。

③生心害政：语出《孟子·公孙丑上》：“生于其心，害于其政；发于其政，害于其事。”说明生心不明不正，就会危害政事。

【译文】治学不明悟，便会导致随后碰到困惑不能判解，耳听眩烁之语、眼见虚妄之物，而贸然将之施展于行事，正是先圣所言心生蛊惑危害政事，如此存在的弊病一定很多，这种人对社会的用处便很少了。

68

『学既不明，则后来遇惑不解，听荧见妄，而施之行事，所谓生心害政，受病必多，而其人之用少矣。』

——《与长子严璩书》，1894年

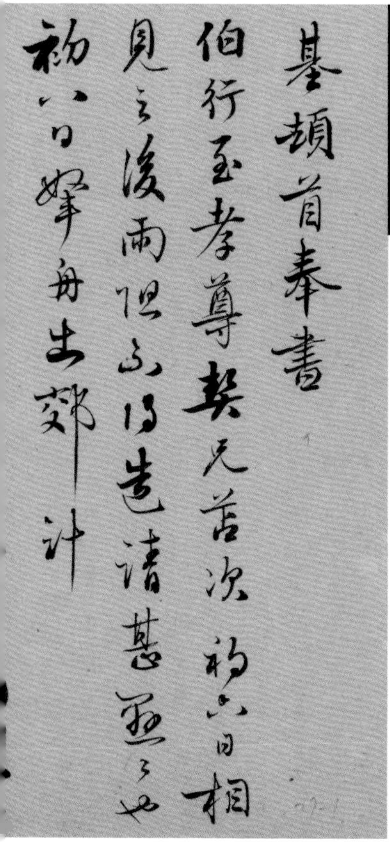

严复临陈基《相见帖》

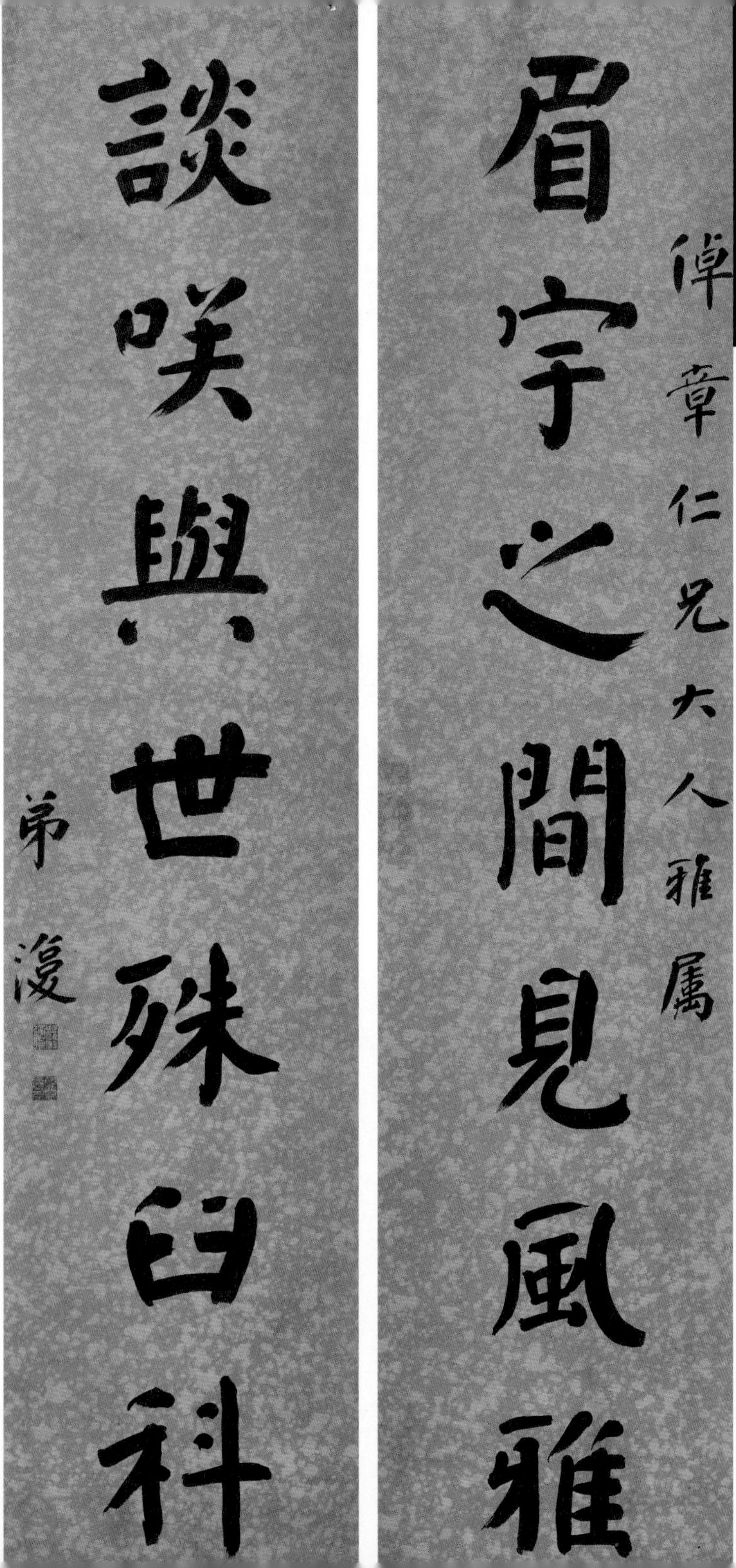
眉宇之間見風雅
倬章仁兄大人雅屬
談笑與世殊臼科
弟復
严复《眉宇、谈笑楷书七言联》

69

『学问之名位，所以予学成之人；政治之名位，所以予入仕之人。』

——《论治学治事宜分二途》，1898年

【译文】学问的名誉和职位，是用来授予治学有成的人；政治的名誉和职位，是用来授予仕进有为的人。

70

『天下之人，强弱刚柔，千殊万异，治学之材与治事之材，恒不能相兼。』

——《论治学治事宜分二途》，1898年

【译文】天下的人，有强弱刚柔之分，千差万别，所以治学的才能和执政的才能，常常不能兼备于一身。

71

『窃以谓文辞者，载理想之羽翼，而以达情感之音声也。是故理之精者不能载以粗犷之词，而情之正者不可达以鄙倍之气。』

——《与梁启超书》，1902年

【注释】①正：这里指正派、正直。

②倍：通“背”。鄙倍，鄙俗背谬。多用于形容诗歌的风格。

【译文】我认为所谓文辞，是承载理想的翅膀，是用来表达情感的声音。因此阐理精微的文章不能用粗率豪放的言词来论述，而抒情淳正的文章不能用鄙俗乖谬的语气来表达。

72

『盖论辩之道，必两家罄所欲言，而后往返反覆之，其真实乃见。』

——《有强权无公理此语信欤》，1906年

【注释】罄[qìng]：本义为器中空，引申为“尽”。

【译文】辩论的原则，就是让双方畅所欲言，而后反复考证质疑，其间的事实真理才会显见。

73

『新学愈进则旧学愈益昌明，盖他山之石，可以攻玉也。』

——严璩《侯官严先生年谱》

【译文】新学问越进步而传统旧学也随之更加发扬光大，这就是所谓他山之石，可以攻玉的道理。

74

『四子五经，固是最富矿藏，惟须改用新式机器发掘淘练而已。』

——《与熊纯如书》，1917年

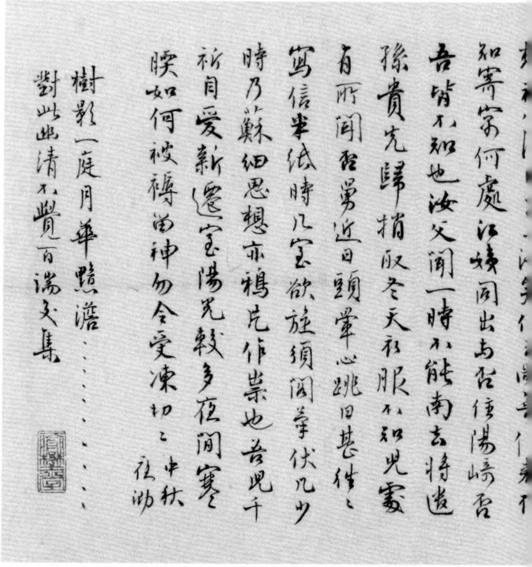

【注释】淘练：犹言淘洗。

【译文】四书五经，本来就是最丰富的矿藏，只是必须改用新的科学机器来发掘淘洗它罢了。

75

『但勤习之，久后自有进步也。』

——《与甥女何纫兰书》，1906年

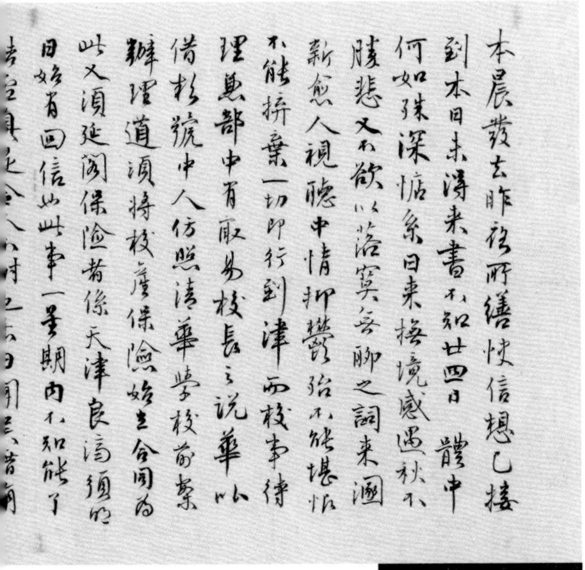
本晨發去昨夜所繕快信想已接到本日未得来書不知廿四日 體中何如殊深惦系日来接境感遇秋不勝悲又不欲以落寞無聊之詞来溷新愈人視聽中情抑鬱殆不能堪恨不能摒棄一切即行到津而校事待理學部中有改易校長之説華以惜彬號中人仿照清華學校前案辦理道須將校產保險始出合同為此又須延阁保險者係天津良濟須明日始有回信此此事一星期内不知能了

严复致何纫兰信札

【译文】只要勤加练习，时间久了自然会有长进。

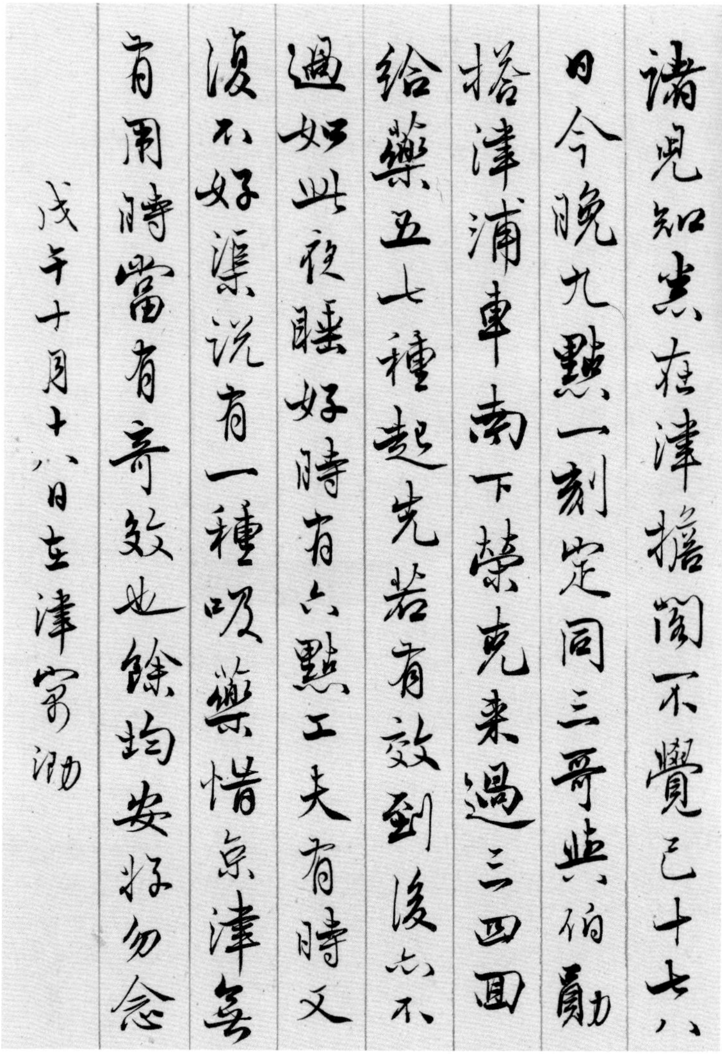
諸兒知吾在津擔閣不覺已十七八日今晚九點一刻定同三哥與伯勛搭津浦車南下榮克來過三四回給藥五七種起先若有效到後亦不過如此夜睡好時有六點工夫有時又復不好渠說有一種吸藥惜京津無有閑時當有寄敘也餘均安好勿念

戊午十月十八日在津寓泐

【译文】 做学问须有悠闲自得的乐趣，用功久了，自然成熟提高，一时的褒贬毁誉，不必挂在心上。

76

『为学须有优游自得之趣，用力既久，自然成熟，一时高低毁誉，不足关怀也。』

——《与四子严璿书》，1918年

77

『学问之道，水到渠成，但不间断，时至自见。』

——《与四子严璿书》，1921 年

【译文】做学问的道理，在于水到渠成，只要不间断不放弃，到时候自然见成效。

78

『至于自己用功，则但肯看书，时至自成通品，无庸虑也。』

——《与四子严璿书》，1918年

【注释】通品：犹“通人”，指学识渊博通达的人。

【译文】关于自己用心学习的事情，只要肯努力读书，到时候自然成为通人，不用过虑。

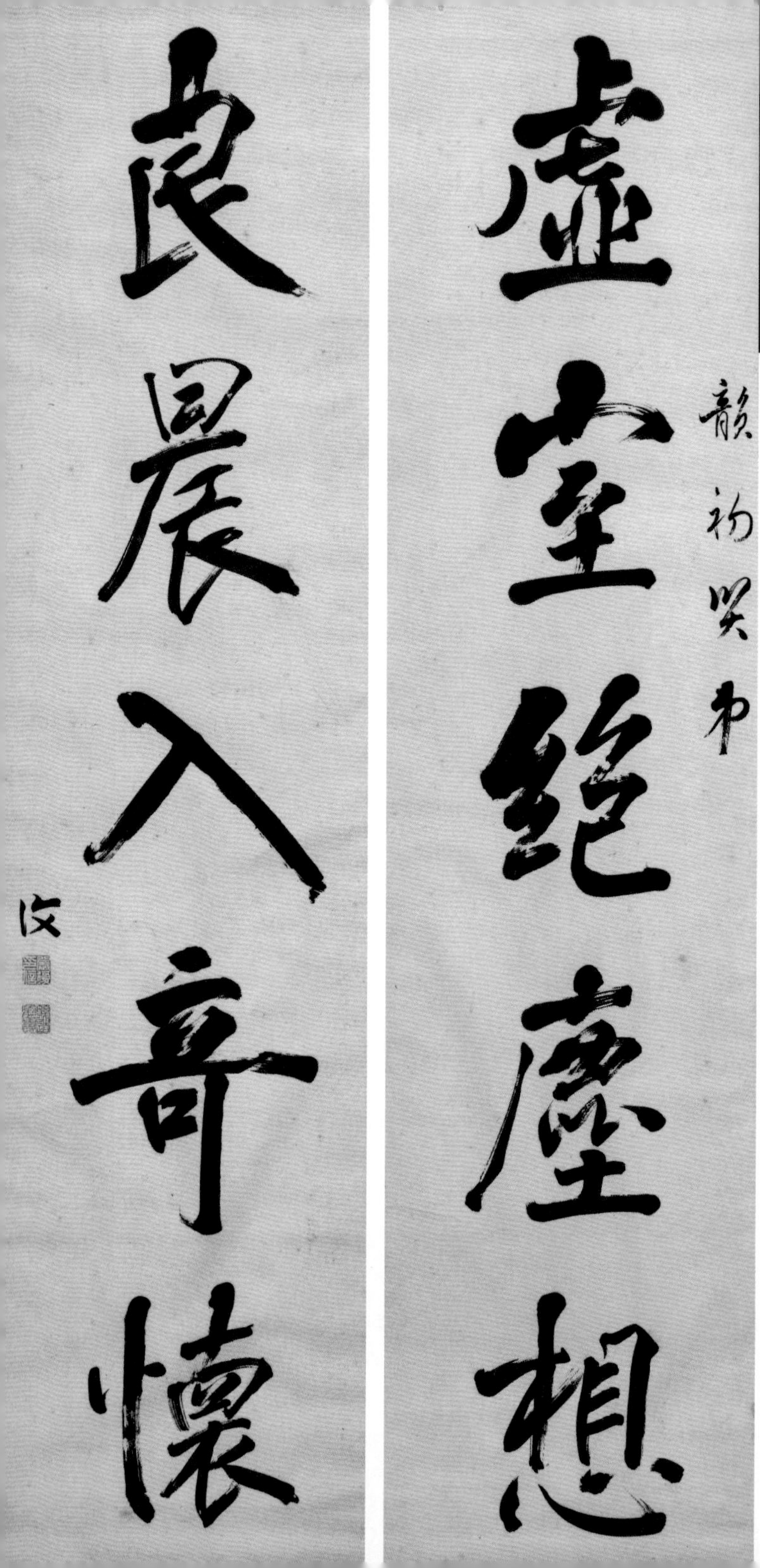

严复《虚室、良晨 行楷五言联》

79

『或事切于民生，或理关于国计，但使有补于民智，则亦不废其译功。』

——《京师大学堂译书局章程》，1903年

【译文】（翻译活动）有的事关民众生活，有的事关国家大计，只要有助于启迪民智，就不应废弃翻译事业。

瘉野老人诗文字印

【注释】开瀹 [yuè]：疏通、开导、启发。

【译文】翻译的宗旨，其道理须事先阐明，简单扼要地说就是：第一，启迪民众智慧，不可因陈守旧；第二，崇尚真知实学，摆脱贫穷愚弱；第三，借鉴他方经验，努力谋求进步；第四，确晓事物名义，避免淆乱混杂。

80

『翻译宗旨，理须预定，略言其要：一曰开瀹民智，不主故常；二曰敦崇朴学，以棣贫弱；三曰借鉴他山，力求进步；四曰正名定义，以杜杂庞。』

——《京师大学堂译书局章程》，1903年

81

『有王者兴，必来取法；虽圣人起，不易吾言。』

——《自拟书房联语》，1906 年

【译文】若有王者出现，一定会采纳我的意见；即使圣人复起，也不会改变我的学说。

82

『译事三难：信、达、雅。求其信已大难矣，顾信矣不达，虽译犹不译也，则达尚焉。』

——《〈天演论〉译例言》，1896年

【译文】翻译有三大难处：忠实、通顺、典雅。做到忠实原文已经很难了，但仅仅忠实原文却没有做到通顺明白，就跟不曾翻译一般，所以翻译文字要求做到通达。

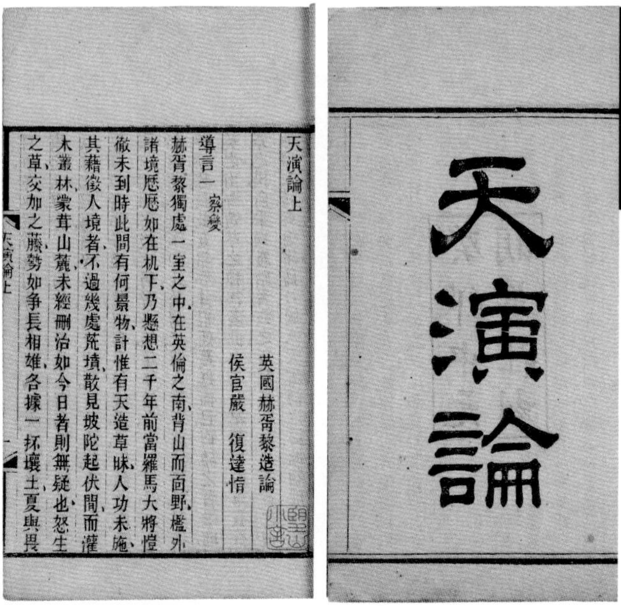
天演論

天演論上

英國赫胥黎造論

侯官嚴復達恉

導言一 察變

赫胥黎獨處一室之中在英倫之南背山而面野檻外諸境歷歷如在机下乃懸想二千年前當羅馬大將愷徹未到時此間有何景物計惟有天造草昧人功未施其藉徵人境者不過幾處荒墳散見坡陀起伏間而灌木叢林蒙茸山麓未經刪治如今日者則無疑也怒生之草交加之藤勢如爭長相雄各據一抔壤土夏與畏

【注释】①踟蹰[chíchú]：徘徊不前的样子。

②我罪我知：是“知我罪我”的倒文。

【译文】创立一个译名，要反复斟酌十天个把月。怪罪我或知赏我的，分别存于明哲者的心目中。

83

『一名之立，旬月踟蹰。我罪我知，是存明哲。』

——《〈天演论〉译例言》，1896年

天演学家陶江严氏

【译文】著述和翻译事业，有哪一种不是向国民传播文明思想的啊？

84

『夫著译之业，何一非以播文明思想于国民？』

——《与梁启超书》，1902年

严复《〈庄子·养生主〉四条屏》（局部）

伦理篇

NO.85~94

85

『欲为有用之人，必须表里心身并治，不宜有偏。』

——《与长子严璩书》，1894年

【译文】要想做有用的人，需要身心内外兼修，不能有所偏废。

86

『一事之至，准乎人情，揆乎天理，审量而后出。』

——《驳英〈太晤士报〉论德据胶澳事》，1897年

【注释】揆[kuí]：《说文解字》：“揆，度也。”本义是测量方位。

【译文】每遇一事，都应考虑人情，衡量天理，审慎斟酌而后提出应对办法。

87

『以智侵愚，以强暴弱，民为质点，爱力全无，所谓自侮而后人侮，自伐而后人伐。』

——《有如三保》，1898年

【注释】①质点：物质的分子。

②爱力：物质所具有的引力，使分子固结不解。

③自侮而后人侮，自伐而后人伐：出自《孟子·离娄上》："夫人必自侮，然后人侮之；家必自毁，而后人毁之；国必自伐，而后人伐之。"比喻事情恶化都是由自身引起的。

【译文】自恃聪慧而侵凌愚者，自恃强大而暴虐弱者，以民众为质点任意驱使，终致无所凭依而人心离散。这就是古人说的人先自侮然后别人才侮辱他，人先自我攻伐然后别人才攻伐他。

88

『又以一己独知之地，善恶之辨，至为难明。往往人所谓恶，乃实吾善；人所谓善，反为吾恶。此干涉所以必不可行，非任其自繇不可也。』

——《〈群己权界论〉译凡例》，1903年

【译文】处在个人独自认知的位置，对于善恶的辨析，很难做到明智。往往人家认为恶的，自己却切实认为是善；人家认为善的，自己反而认为是恶。这就是强行干预一定行不通的原因，而非任其自身提高认识不可。

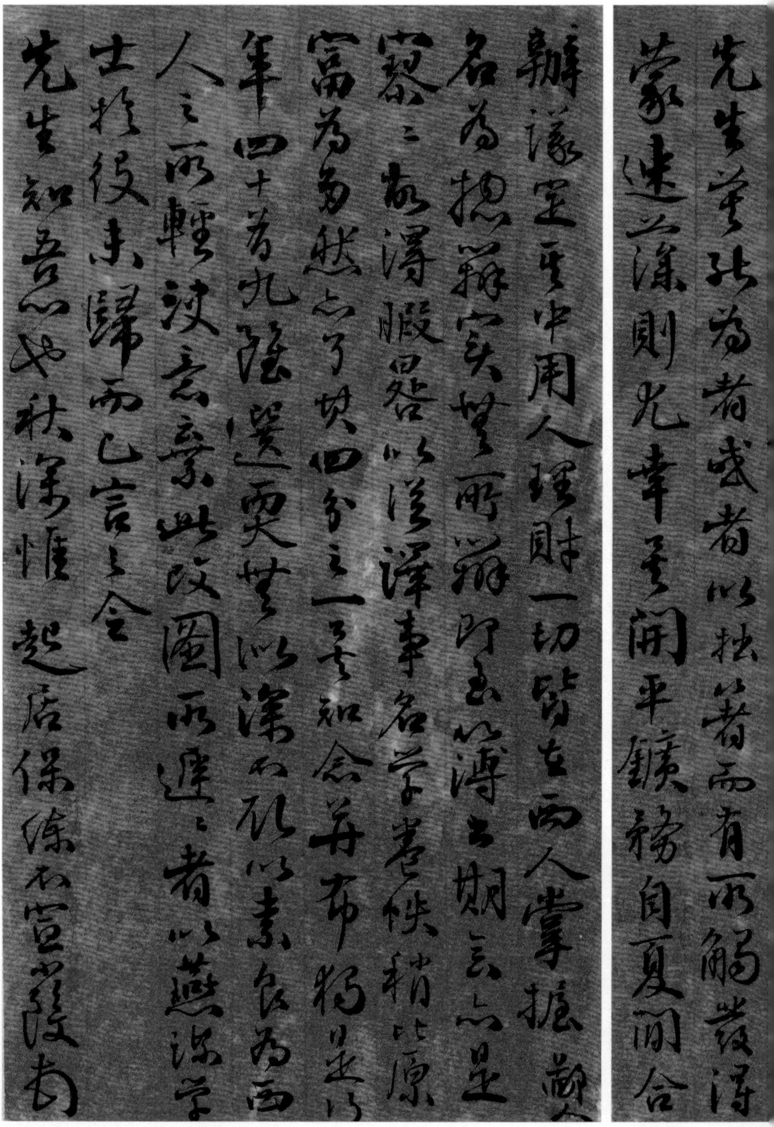

【译文】言论失误可能出于愚钝，虚假荒诞则意味着欺骗。

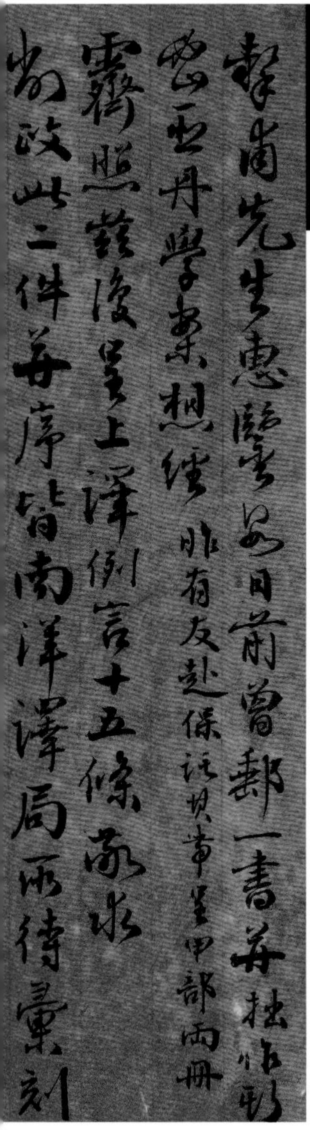

严复致吴汝纶信札

89

『过言或出于愚，虚妄则涉于欺。』

——《与吴汝纶书》，1897年

瘉壄堂

【译文】忧愤悲戚与艰险患难，都是助益你成功的历练。

90

『然而忧戚患难，皆所以玉汝于成。』

——《〈如后患何〉按语》，1898年

by whom, the column shall be lead. Do what is just & right & do not let other paltry interests influence him

I can see through Kingsley's communication that he must have been supported by very reliable forces behind and it would be unjust of His Excellency to drop him tho abruptly. In a word, if His Excellency means thoroughness of the work: then take Kingsl advice and proceed. If he means Compromise, then follow Detring with whom he will have Hannekan, Dickinson, Fisher Robertson & dozen others who were more or less accomplices in Hoover & Morrings' plan somehow. His Excellency knows these better than we do. To say more is superflu I, therefore, will say nothing

严复致伍光建英文信札（局部）

91 『天高而不敢不跼，地厚而不敢不蹐。』

——《与伍光建书》，1910年

【注释】①跼 [jú]：腰背弯曲。

②蹐 [jí]：迈小碎步，即后脚尖紧接着前脚跟。语出《诗经·小雅·正月》：“谓天盖高，不敢不跼；谓地盖厚，不敢不蹐。”后出成语“跼高天，蹐厚地”，形容处事小心谨慎，惶惧不安。

【译文】天空高远而人不敢不低头，大地宽厚而人不敢不小步走。

92

『知损彼之为己利，而不知彼此之两无所损而共利焉，然后为大利也。』

——《原强》，1895年

【译文】只知道损害别人而为自己求利，却不知道彼此两无所损而能共同获利，才是大利之所在。

93

『盖专制虽有民，其于国无所与，非若共和之民，为国家一切事根本也。』

——《述黑格儿惟心论》，1906年

【译文】专制国家虽然也有人民，但他们对国家无所帮助，不像共和国家的国民，能为国家出力做根本大事。

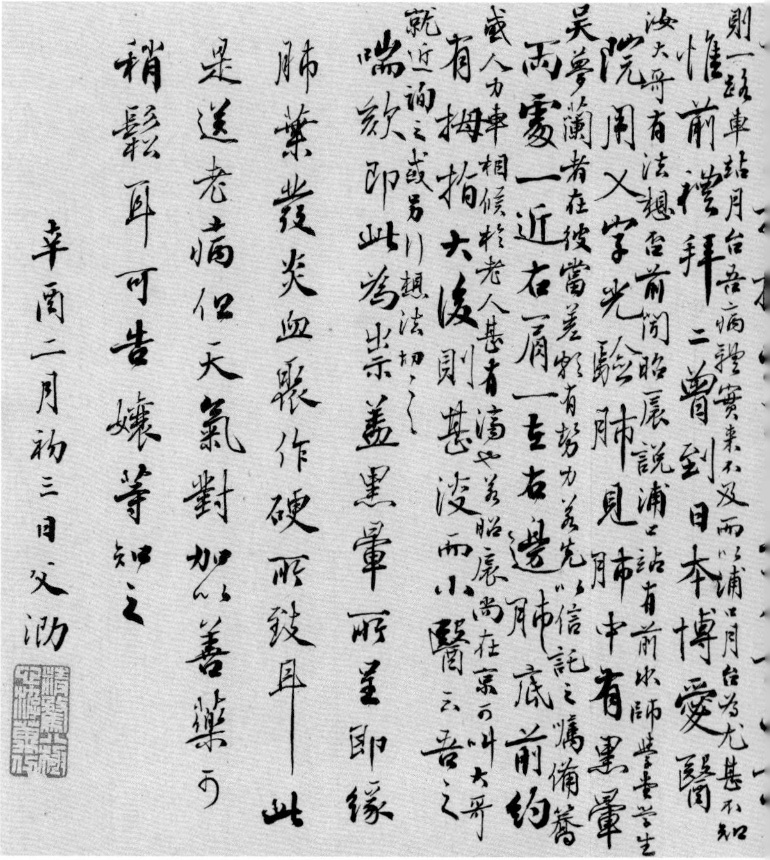

【译文】什么叫做残忍？就是拿他人他物的痛苦作为你的快乐。

94

『何谓残忍？即以他人他物之苦为汝之乐是也。』

——《与五子严玷书》，1921 年

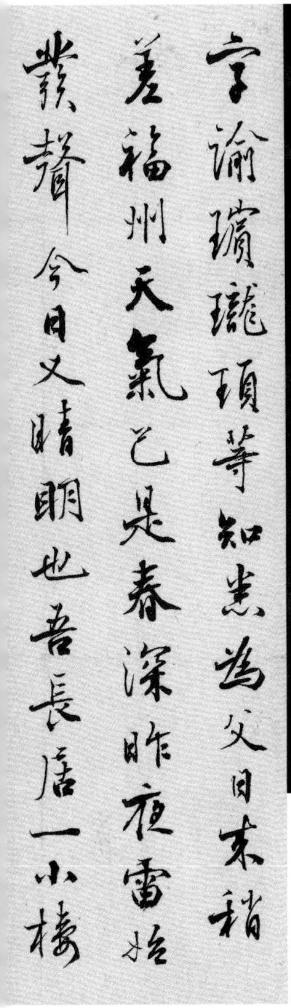
字諭璸瓏頊等知悉為父日來稍差福州天氣已是春深昨夜雷始發聲今日又晴明也吾長居一小樓

严复致严璸、严珑、严项等论北上行程并提及水师学堂的晚年家书

严复临赵孟頫《与进之帖》（局部）

家国篇

NO.95~113

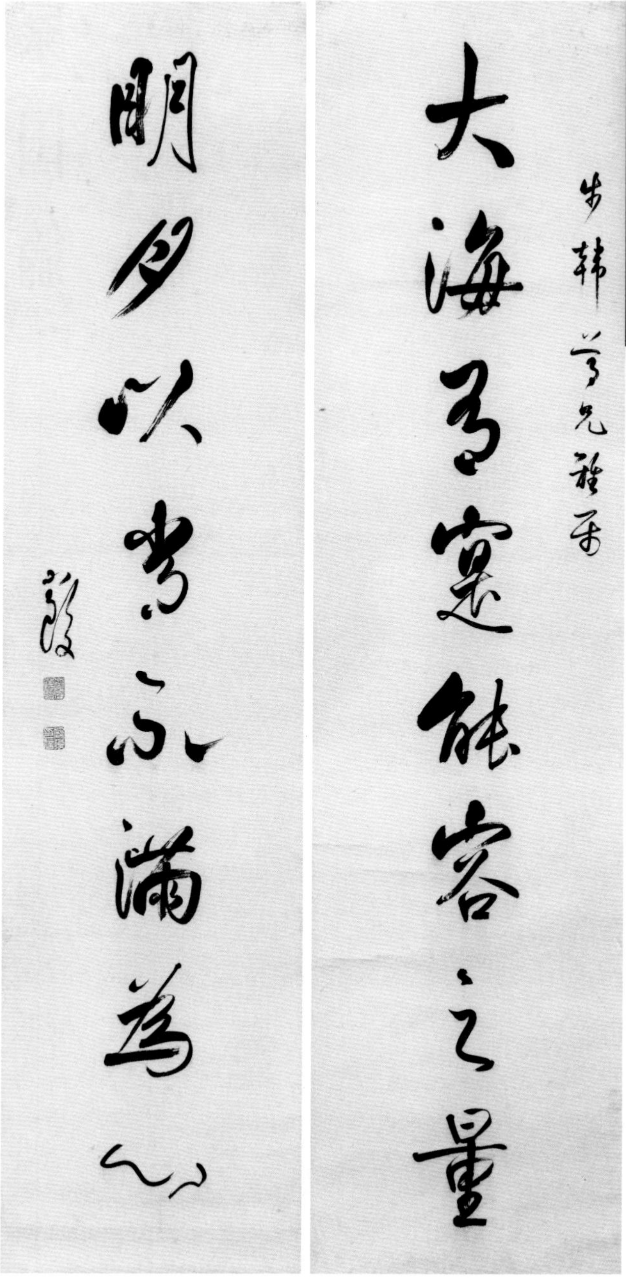

严复《大海、明月行草八言联》

95

『期于文明可，期于排外不可。期于文明，则不排外而自排；期于排外，将外不可排，而反自塞文明之路。』

——《与〈外交报〉主人书》，1902年

【注释】塞[sè]：堵，阻塞。

【译文】（外交上）期望文明开放可行，期望闭门排外则不可行。期望文明开放，那么不需要排外就会自然摒除外来干预；期望闭门排外，不但外国势力无法排除，反而自己阻塞了走向文明开化的道路。

深根宁极

【译文】所希望的是从正名开始，而以务实告终。方针确定之后，应让我国上下之人，万众一心，以求达到最终目的。

96

『所冀以名始者，将以实终，方针既定之余，将吾国上下之人，亿兆一心，以求达其目的耳。』

——《论国家于未立宪以前有可以行必宜行之要政》，1905年

97

『方其谋国，不独生命可牺牲也，即名誉亦有时可以不恤。』

——《砭时》，1912年

【译文】正此努力报效祖国之时，不仅生命可以牺牲，就是个人名誉有时也可以不用顾及。

98

『必有海权，乃安国势。』

——《代北洋大臣杨拟筹办海军奏稿》，1908年

【译文】一定要拥有海权，才能安定国家的形势。

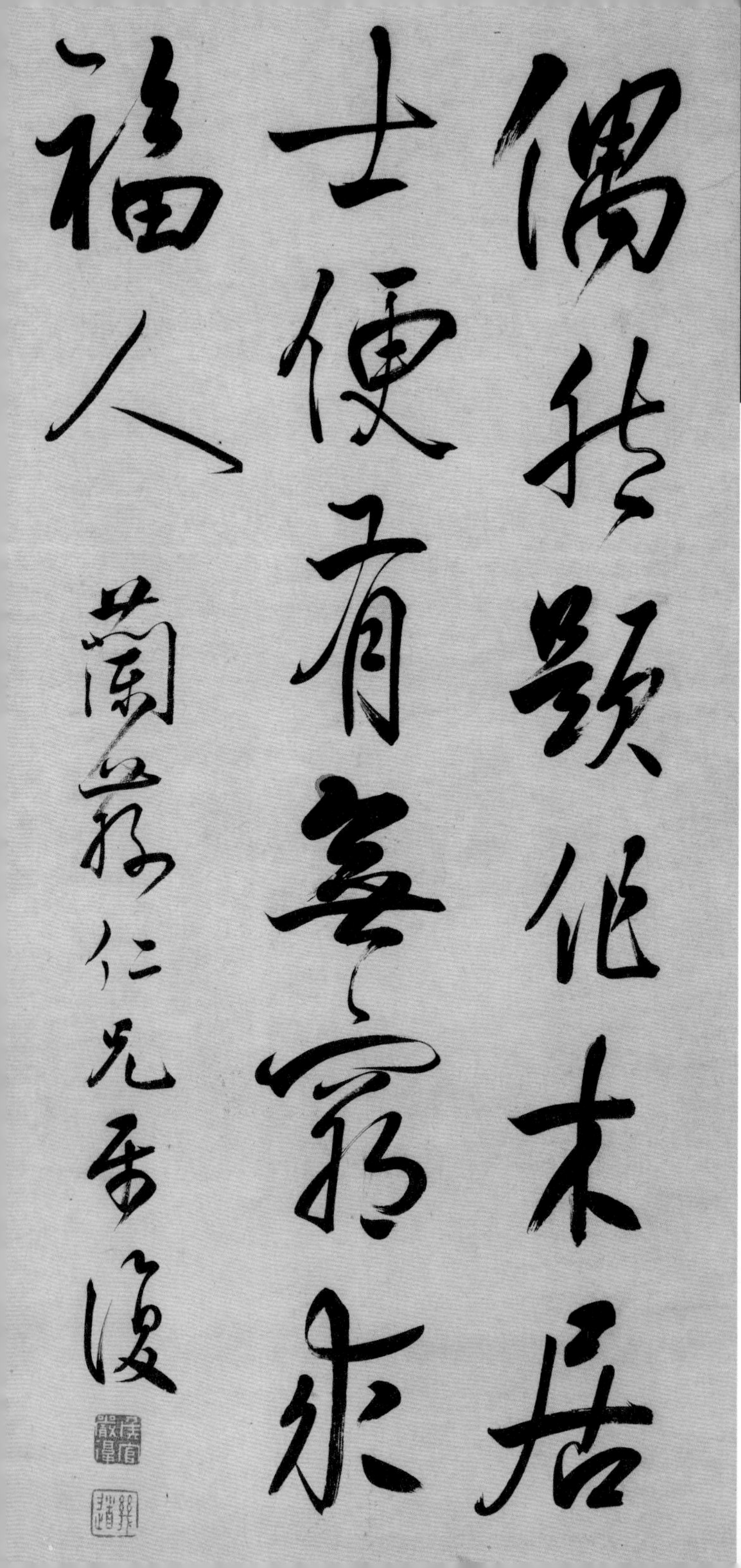

严复《韩愈〈题木居士〉诗句条幅》

99

『热心出于感情，而冷脑由于思理。感情徒富而思理不精，课其终效必恒误国。』

——《砭时》，1912年

【译文】人的热心冲动出于感情，而冷静的头脑则缘于理智思考。徒有丰富的感情而理智思考不精密，必可断定其最终效验往往是误国误民。

100

『须知人生实践，任所遭何如，皆有所苦，泰然处之可耳。』

——《与甥女何纫兰书》，1901书

【译文】要知道人生一世，任它遭遇如何，都会有痛苦的时候，泰然处之就可以了。

101

『大抵吾辈于此等事，不办则已，既办则虽千辛万苦，总须于社会着实有益，可与后来人取法。』

——《与甥女何纫兰书》，1906年

【译文】大体上说我辈对于(办新教育)这种事，不办则罢，既然办了则尽管千辛万苦，也要对社会着实有益，并可为后来人留下效法的经验。

鬼神守护烦㧑呵

【译文】为人处世固然要爱惜名誉，但也不要过于看重身外之名，以致失了自由。总之一切个人言行应依理而为，不要随波逐流、迎合世俗。旁人的议论，怎能作依据？他人要讥笑，就由他去好了。

102

『处世固宜爱惜名誉，然亦不可过于重外，致失自由。大抵一切言动，宜准于理，勿随于俗，旁人议论，岂能作凭？他要讥笑，听其讥笑可耳。』

——《与四子严璿书》，1918年

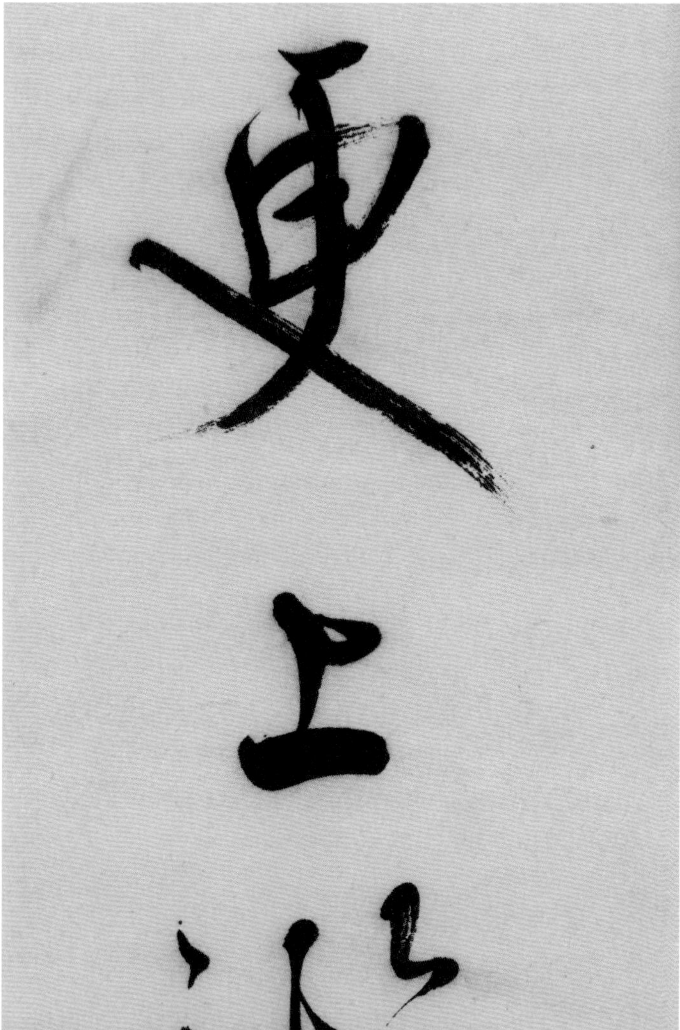

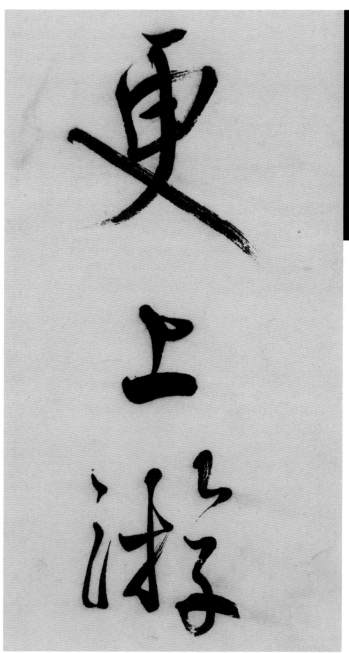

严复《黄庭坚、陈师道诗二首条幅》（局部）

103

『惟是男儿志在四方，世故人情，皆为学问，不得不令儿早离膝下，往后阅历一番。』

——《与四子严璿书》，1918年

【译文】好男儿志在四方，所历人情世故，都是学问。所以我不能不让孩儿你早早离开我，往后在社会上好好阅历一番。

104

『校中师友，均应和敬接待，人前以多见闻默识而少发议论为佳。至臧否人物，尤宜谨慎也。』

——《与四子严璿书》，1918年

【注释】臧否 [zāngpǐ]：褒贬、评论。

【译文】对待学校中的老师和朋友，都应该和气尊敬，在大家面前应该多看多听默记在心而以少发议论为佳。至于褒贬评论人物，尤其应该谨慎。

105

『居今之日，时异往古，有志之士，须以济世立业为务，不宜溺于文字，玩物丧志。』

——《与三子严琥书》，1919年

【译文】当今时代，与往古时代不同，有志之士，必须以服务社会、开创事业为急务，不应该沉溺于文字之中，乃至玩物丧志。

严复版权章

【注释】①浮图：佛塔。

②合尖：到顶全部造好。成语“浮图七级，重在合尖”，出自《新五代史·李菘传》：“为浮屠者，必合其尖。”比喻办事最后成功。

【译文】俗话说：每天坚持行路，不怕千里万里之远。可见只要有恒心，即如建造七级佛塔，终有到顶合尖的时候。

106

『俗谚有云：日日行，不怕千万里。得见有恒，则七级浮图，终有合尖之日。』

——《与三子严琥书》，1919年

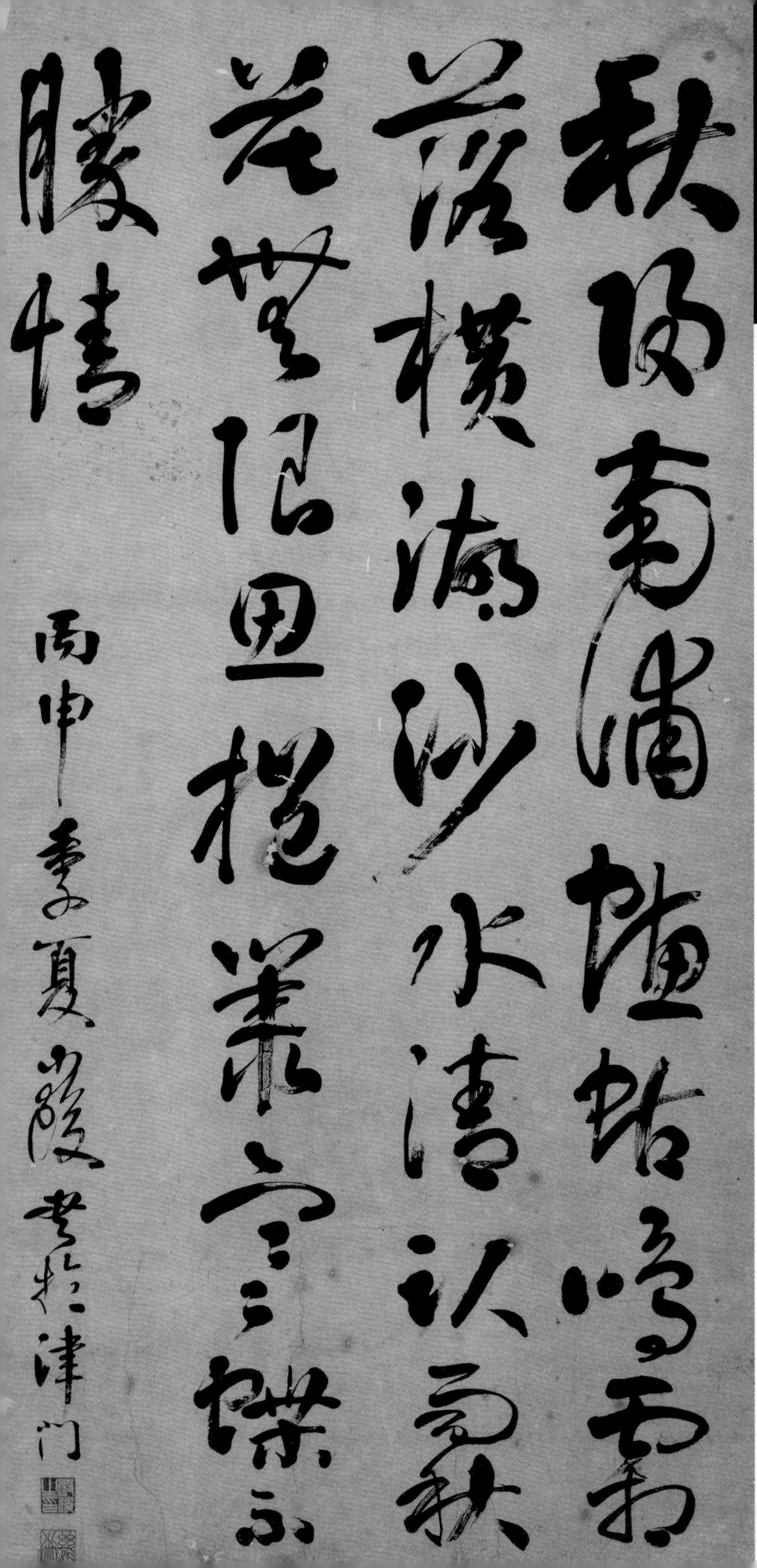

严复书《行书苏轼诗中堂》

107

『新知无尽，真理无穷。人生一世，宜励业益知。』

——严璩《侯官严先生年谱》

【译文】新知无止境，真理无尽头。人生一世，应该不断勉励学业而增益知识。

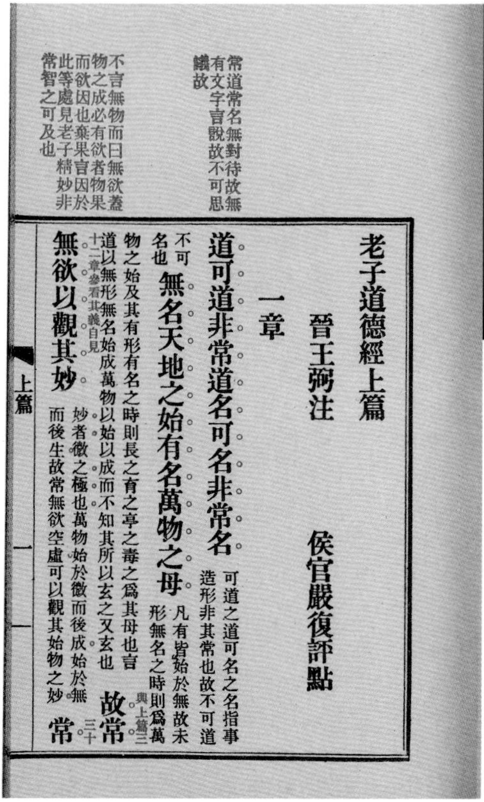

常道常名無對待故無有文字言說故不可思議故

不言無物而曰無欲蓋物之成必有欲者物果而欲因也棄果言因於果此等處見老子精妙非常智之可及也

老子道德經上篇

晉王弼注　　侯官嚴復評點

一章

道可道非常道名可名非常名　可道之道可名之名指事造形非其常也故不可道不可名也　無名天地之始有名萬物之母　凡有皆始於無故未形無名之時則爲萬物之始及其有形有名之時則長之育之亭之毒之爲其母也言道以無形無名始成萬物以始以成而不知其所以玄之又玄也　與上篇三十二章參看其義自見　故常無欲以觀其妙　妙者微之極也萬物始於微而後成始於無而後生故常無欲空虛可以觀其始物之妙　常

上篇　一

【注释】旧法：当指传统文化。

【译文】必须知道中国一定不会灭亡，传统的东西可以斟酌增减，但绝不可以背叛废弃。

108

『须知中国不灭，旧法可损益，必不可叛。』

——《严复遗嘱》，1921年

109

『须知人要乐生，以身体健康为第一要义。』

——《严复遗嘱》，1921年

【注释】乐生：以生为乐。

【译文】要知道人应爱惜生命，把身体健康放在第一位。

110

『须勤于所业，知光阴时日机会之不复更来。』

——《严复遗嘱》，1921年

【注释】勤于所业：指勤勉敬业。

【译文】人必须勤恳敬业，要知道时间和机会过去了就不会再来的。

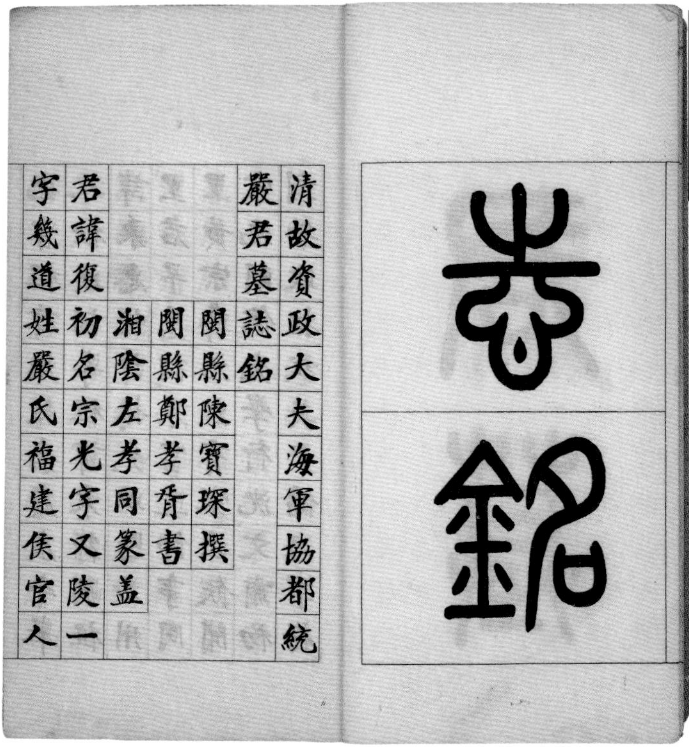
清故資政大夫海軍協都統
嚴君墓誌銘
閩縣陳寶琛撰
閩縣鄭孝胥書
湘陰左孝同篆蓋
君諱復初名宗光字又陵一
字幾道姓嚴氏福建侯官人

【注释】条理：指逻辑归纳整理。

【译文】应当勤于思考，并对知识归纳，使之条理化。

111

『须勤思，而加条理。』

——《严复遗嘱》，1921 年

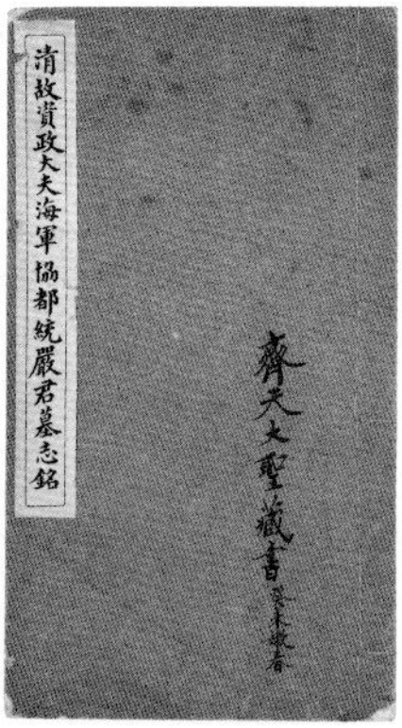

112

『须学问，增知能，知做人分量，不易圆满。』

——《严复遗嘱》，1921年

【注释】增知能：知，通“智”。指增长智慧。

【译文】应当多学习而勤发问，以增加知识与能力。要知道一个人的水平分量，不易完美圆满。

113 『事遇群己对待之时，须念己轻群重，更切毋造孽。』

——《严复遗嘱》，1921年

【注释】①群：群体，社会公众。
②己：自己，个人私域。
③群己对待：指群体与个人利害相对立。

【译文】凡事遇到公群与个人利害相对立之时，应当考虑到个人是轻微的而大众是重要的，切不可造作大罪孽。

图书在版编目(CIP)数据

严复经典语录/郑志宇主编;陈灿峰副主编. —福州:福建教育出版社,2024.1
ISBN 978-7-5334-9815-3

Ⅰ.①严… Ⅱ.①郑… ②陈… Ⅲ.①严复(1853—1921)—语录 Ⅳ.①K825.1

中国国家版本馆 CIP 数据核字(2023)第 232411 号

Yan Fu Jingdian Yulu
严复经典语录

主　　编: 郑志宇
副 主 编: 陈灿峰
责任编辑: 祝玲凤　陈伟晟
美术编辑: 林小平
装帧设计: 林晓青
摄　　影: 邹训楷
出版发行: 福建教育出版社
出 版 人: 江金辉
社　　址: 福州市梦山路 27 号
邮　　编: 350025
电　　话: 0591-83716932
策　　划: 翰庐文化
印　　刷: 雅昌文化(集团)有限公司
(深圳市南山区深云路 19 号)
开　　本: 889 毫米×1194 毫米　1/32
印　　张: 6.375
插　　页: 2
版　　次: 2024 年 1 月第 1 版
印　　次: 2024 年 1 月第 1 次印刷
书　　号: ISBN 978-7-5334-9815-3
定　　价: 88.00 元
